Wer immer tut, was er schon kann, bleibt immer das, was er schon ist.

Henry Ford (1863 – 1947), nordamerik. Gründer des
gleichnamigen Automobilkonzerns

Ganzheitliche Heilung

das nächste Virus kommt bestimmt!

Elias Goldstern

Widmung

Für alle, die ihre Gesundheit selbst in die Hand nehmen und Ausgeglichenheit in allen Lebensbereichen suchen.

Für alle, die Rücken- und/oder Bandscheibenprobleme heilen, oder diese vermeiden wollen.

Für alle, die ein effizientes Übungsprogramm, eingebettet in verschiedene Länder und Lebensumstände, kennenlernen und praktizieren wollen.

Für alle, die Ratschläge in den Bereichen Fitness, Ernährung und Gesundheitsrisiken suchen.

Für alle, die mit einfachen Mitteln große Fortschritte erzielen wollen.

Für alle, die den wahren Sinn des Lebens erfahren und erleben wollen.

Nichts für Feiglinge, Faulpelze, Couch-Potatoes, geistlose Schwätzer und Leute, die sagen: „Ich bin wie ich bin!"

Bibliografische Information der Deutschen Nationalbibliothek:
Die Deutsche Nationalbibliothek verzeichnet diese Publikation in der
Deutschen Nationalbibliografie; detaillierte bibliografische Daten sind
im Internet über http://dnb.de abrufbar.

© 2020 Elias Goldstern
Herstellung und Verlag:
BoD – Books on Demand, Norderstedt

ISBN: 9 783 751 906 418

Der Autor

Ein erfolgreicher Weg bei internationalen Firmen ermöglichte dem Autor ein wohlhabendes Leben in verschiedenen Ländern mit unterschiedlichen Kulturen – u. a. Dubai (V.A.E.), Südafrika, Argentinien und Panamá. Fehlentscheidungen führten den in Deutschland geborenen Autor in tiefgreifende Krisen, während Entschlossenheit und spirituelle Erkenntnisse einen Neuanfang ermöglichten – Wege der Freiheit.

Reisen durch die weitläufigen Länder Südamerikas, mit und ohne finanzielle Mittel, zeigten ihm, dass man Gegebenheiten selbst sehen muss, um sie beurteilen zu können.

Seine Zeit in Deutschland, während des "Corona-Wahnsinns", enthüllte, dass es keine Demokratie mehr gibt. Von heute auf morgen können wir durch das Argument "Schutz und Vorsorge" unserer Freiheit beraubt werden.

Seine Tätigkeit als Sportlehrer bestätigte sein Übungsprogramm für einen schmerzfreien Rücken – aus der Praxis für die Praxis!

Ganzheitliche Gesundheit

Inhalt

Ganzheitliche Gesundheit

1. "Corona-Wahnsinn"

Gegen Dummheit und Angst gibt es keinen Impfstoff. Doch es gibt Bildung, Information ohne Manipulation, und es gibt Gott – Adonai, der Ewige, u. a. auch Hashem genannt. Damit gibt es Hoffnung, wo sonst keine Hoffnung ist.

Das haben die letzten Monate und Wochen gezeigt: Politiker und sogenannte Experten sind keine Hilfe, wenn es um unsere Gesundheit geht. Diese Schwätzer sorgen sich nur um ihre eigene Haut und um ihre Wählerstimmen. Deshalb ist es wichtig, dass wir unsere Gesundheit selbst in die Hand nehmen und uns nicht auf die Hilfe von außen verlassen. Wir brauchen die Hilfe unseres Schöpfers, der nicht nur außen, sondern auch in uns ist – unsere Seele, der göttliche Funke. Gott hat uns geschaffen und weiß, was für uns am besten ist. Darum gibt er uns eine echte Lebensbotschaft, Torah genannt, die sich in verwässerter Form als die fünf Bücher des Mose im Alten Testament darstellt. Darin geht es um Reinigungsmöglichkeiten, auch das Ritual des Hände-waschens, gesundes und reines Essen (koscher), die Behandlung von Infizierten und Aussätzigen, usw.

Damit werden wir unabhängig von den menschlichen Experten, die meist selbst nichts wissen, wie wir in der Vergangenheit mehr als deutlich feststellen mussten. Experten, Politiker und Medien wollen uns in eine Panik jagen, um daraus Profit zu schlagen. Denn für die Medien sind nur schlechte Nachrichten gute Nachrichten. Dabei wird über Leichen gegangen, moralisch und wirtschaftlich. Die im Verhältnis zur Bevölkerungszahl, und im Vergleich zu vielen anderen Krankheiten, wenigen Toten der "Corona-Krise", die meist gar nichts mit dem sogenannten

Corona-Virus zu tun haben, stehen in keinem Verhältnis zu den wahnwitzigen Maßnahmen, die über uns beschlossen wurden. Ja, sogar Ausgehsperren und ein Kontaktverbot wurden verordnet. Das zeigt, dass wir nicht in einer Demokratie leben, sondern in Zeiten der absoluten Diktator. Hätten die Schwätzer aus Politik und Medien nicht ständig von dem Virus berichtet, hätte niemand etwas von irgendeiner Gefahr gewusst. Alles wäre normal weitergelaufen. So aber werden unser Grundgesetz und die Verfassungen fast aller Länder zu einem nutzlosen, lächerlichen Haufen Papier.

Doch auch die breite, gottlose Masse, die keinen Halt mehr hat, erstarrte in Angst und Schrecken. Das konnte man auf den leeren Straßen und in den Supermärkten sehen und spüren. Eine eigenartige Trauer lag über dem Land. Selbst die, die sich zu Tode rauchen und saufen, wünschten einem Gesundheit.

Vor ein paar Jahren sorgte die sogenannte "Schweinegrippe", angeblich von Mexiko kommend, für großes Aufsehen. Ich war in dieser Zeit in Argentinien. Man konnte sich keinen realistischen Überblick verschaffen, wie ernst die Bedrohung wirklich war. Doch nach einer Zeit stellte sich heraus, dass alle möglichen Todesfälle der "Schweinegrippe" zugeordnet wurden. Somit stieg nicht nur die Zahl der angeblich Infizierten, sondern auch im erheblichen Maße die Anzahl der Todesfälle. Ich wunderte mich über diese seltsame Praxis. Doch dann kam die Enthüllung. Durch die Zuordnung möglichst vieler Todesfälle in den Bereich der "Schweinegrippe" rechtfertigte die Regierung ihre Maßnahmen und stellte dem Gesundheitsministerium viel Geld zur Verfügung. Der neue Gesundheitsminister nutzte sofort die Selbstbedienungskasse der Minister und bereicherte sich und seine Familie. Dann trat er zurück! Damit war auch die Sorge um das Virus schnell beendet und verschwand aus den Medien. Und so wird es wieder sein. Ja, ganz einfach ist das – nicht in allen Ländern, doch in vielen.

In den hoch gelobten westlichen Demokratien, muss man es als Politiker eher indirekt angehen, um die Steuerkassen für sich zu verwenden. Meist nutzen sie Manipulationen und geschickte Insidergeschäfte am Aktienmarkt, oder sie beteiligen sich an Firmen, die vom Horror-Szenario profitieren.

Wer profitiert von dieser Hysterie? In Deutschland sind es auf jeden Fall die totgesagten und in den Kommunalwahlen bereits beerdigten Volksparteien. Die noch regierende große Versager - Koalition ist wieder im Aufwind – Dank Corona. Es profitieren die Apotheken, die Pharmaindustrie und die bereits superreichen Internetfirmen und online-Dienstleister, wie z. B. Amazon. Auch noch ein paar mehr – natürlich in erster Linie die Medien, ein Fest für sie! Ein sehr namhafter Führer sagte: „Je größer eine Lüge, umso mehr Leute folgen ihr!" Ein italienischer Präsident behauptete: „Du musst eine Lüge nur oft genug wiederholen, dann wird sie zur Wahrheit!" Das war auch sein Lebensmotto. Wie weit die Corona-Krise eine Lüge ist, oder gar ein biologischer Krieg, kann ich nicht beurteilen. Denn ich bin kein Wissen-schaftler, oder Mediziner. Doch weiß ich, dass es eine von höchsten Kreisen bewusst geschürte Hysterie war, die eine völlige Entmündigung des Volkes bewirkte. Das hat natürlich vor allem geistliche Hintergründe, von denen fast niemand etwas wissen will und von denen man nicht spricht. Und es bestätigt sich das Wort Gottes, dass wir uns nicht auf mächtige Leute verlassen dürfen, die nicht helfen können, weil sie selbst nur schwache Menschen sind. Hilfe und Lösung liegen im wahr-haften, einzigen Gott und im Studium seiner größten Kraft, die er uns seit seiner Schöpfung in unsere Hände gibt: Die Torah, darin finden sich Wissen und Weisheit!

Wer bezahlt den wirtschaftlichen Kahlschlag, der vor allem die kleinen Selbständigen und mittelständische Unternehmen trifft? Werden die unzähligen Minister von EU, Bund und Länder auf Gehälter und Pensionen verzichten? Sicherlich nicht! Wie fast immer werden die Steuerzahler und Normalbürger in die Pflicht genommen. Die Rechnung wird mit den üblichen Mitteln bezahlt: Inflation, höhere Staatsverschuldung, mehr Steuern und eventuell durch eine Währungsreform. Die Letzte, Einführung des Euros, ist noch gar nicht so lange her.

Als ich 1982 in den damals obligatorischen Wehrdienst der Bundeswehr eintrat, war eines der wichtigsten Themen und Ausbildungspunkte: die ABC-Waffen. Im Gegensatz zu den konventionellen Waffen, geraten die atomaren, biologischen und chemischen Waffen leicht außer Kontrolle und schädigen oft nicht nur den Feind, sondern das eigene Volk. Deshalb ist man mit dem Einsatz dieser Waffen sehr vorsichtig. Im ersten Weltkrieg setzte man erstmals massiv chemische Waffen ein. Das sogenannte "Senfgas", durch den Geruch so bezeichnet, ist ein chemischer Kampfstoff, der auf der Haut Verätzungen, Verbrennungen und Entzündungen in den Augen hervorruft. Durch die krebserzeugenden Stoffe kann er tödlich wirken. Doch wenn der Wind dreht, dann werden auch die eigenen Soldaten und das eigene Volk in Mitleidenschaft gezogen. Selbiges gilt für atomaren Niederschlag, der im zweiten Weltkrieg erstmals durch die Atombombenattacken auf Iroshima und Nagasaki für verheerende Auswirkungen sorgte. Und auch die biologischen Waffen, Viren und Bakterien, haben das Problem, dass sie schnell außer Kontrolle geraten können. Aber es ist kein Geheimnis, dass es sie gibt, und dass sie eingesetzt werden. Ob das auf den "Corona-Virus" zutrifft, beispielsweise um die Macht

Chinas zu reduzieren, weiß ich nicht. Doch ist es auch nicht unvorstellbar.

Allerdings bringt die herbeigeredete Krise, die es ohne Medien-Hysterie gar nicht gegeben hätte, auch sehr viele Vorteile mit sich:

Wir erkennen, dass wir uns nur auf den wahren Gott, Adonai, verlassen können und nicht auf Menschen. So steht es auch in der Torah und im Alten Testament geschrieben: *Gott ist ja kein Mensch, der lügt, kein Menschensohn, der etwas bereut. Wenn er etwas sagt, dann tut er es auch, und was er verspricht, das hält er gewiss* (Thorah – Bamidbar 23:19, Neue Evangelistische – Numeri 23:19). Gott ändert sich nicht ständig. Er ist keine Fahne im Wind, wie unsere Politiker. Der Text bestätigt auch, dass Gott nie Mensch war und nie Mensch sein wird. Somit gibt es die Dreifaltigkeit nur als Erfindung des Menschen. Gott ist Gott und Mensch ist Mensch, allerdings mit einem Funken von Gott, unsere Seele, der Hauch des Ewigen, der uns mit ihm verbindet, wenn wir es zulassen.

Wir erkennen durch die Krise auch, dass unsere Demokratie eigentlich gar keine ist. Von heute auf morgen kann uns die Regierung entmündigen. Was sie auch getan hat! Sie verhängen Ausgangssperren, wie sie sonst nur in Kriegszeiten möglich sind. Ein kleiner Virus, es kann auch ein erfundener, oder selbst produzierter Virus sein, sperrt uns in unsere Häuser ein, sofern vorhanden. Drastische Maßnahmen, die an das Dritte Reich erinnern: Notstandsgesetze, Ausgangssperren, Enteignungen, Kontaktverbot, Versammlungsverbot, usw., werden sehr schnell und mühelos durchgesetzt. Und es wird bei Verstoß mit harten Strafen gedroht. Vielleicht wollten die Regierungen der Welt auch nur testen, wie weit sie das Volk mit Angst-Szenarien entmündigen können. Zumindest wissen sie jetzt, dass es keinen Atombombenabwurf benötigt. Es reicht ein kleiner Virus!

Auch wundert mich, dass niemand dagegen protestiert hat. Wegen jeder kleinen Rauchfahne springen die sogenannten Klima-Aktivisten auf die Straße, doch bei der völligen Entziehung aller Menschenrechte, erhebt sich keine einzige Stimme. Selbst das nordamerikanische Großmaul musste sich im Hinblick auf die Wahlen dem "Corona-Wahnsinn" beugen.

Zudem erleben wir gerade, welch ein hervorragendes Alibi die "Corona-Krise" für Politik und Wirtschaft geschaffen hat. Die enorme Korrektur der Aktienkurse war mehr als fällig. Jetzt gibt man dem Virus die Schuld – so einfach ist das! Dabei waren die Kurse seit der Krise 2007/2008, die nie bewältigt wurde, in erster Linie durch gedrucktes Geld der Regierungen und durch Aktienrückkäufe gestiegen. Alles wird nun unter den Corona-Teppich gekehrt; auch das Versagen und die Lügen der Politiker, sowie vieler Vorstände und Banker, die sogenannten Nieten im Nadelstreifenanzug. Sie alle haben jetzt ein tolles Alibi und alle Leichen werden schnell noch in das brennende Corona-Haus geworfen.

Und die Krise zeigt, dass wir viele Dinge gar nicht brauchen: Die Europäische Union und ihre zahlreichen, nutzlosen Organe verschlingen nur enorme Summen an Steuergeldern, um letztendlich absolut gar nichts Sinnvolles zu bewirken. Ein großer Wasserkopf von nutzlosen Ministern, die von einer Tagung zur anderen pilgern, wird reich beschenkt und ernährt. Jetzt sieht man, dass die zahlreichen Treffen von den Regierungen verschiedener Länder, G 7, G 8, G 20, usw., auch durch sonst übliche Videokonferenzen möglich sind. Natürlich fallen damit die gewohnt feudalen Bankette und königlichen Räumlichkeiten weg. Doch vor allem spart man Energie für die Luxuslimousinen, sowie viel Geld und Ärger bezüglich der Sicherheitsmaßnahmen für die Angsthasen.

Zudem erkenn wir, dass unser Schulsystem völlig überaltert ist. Fast die gesamte Erwachsenenbildung ist inzwischen auf virtuelle Seminare umgestellt. Das bedeutet, die Teilnehmer sitzen zu Hause, oder an einem anderen Ort mit Internetverbindung und folgen per Kopfhörer und Bildschirm dem Lernstoff. Die Fragen und Antworten werden, wie andere Dinge, per E-Mail erledigt. Damit spart man zahlreiche Reisekosten und kann einen Beitrag zum besseren Klima leisten. Wie viele Schüler bewegen sich täglich zu den Schulen? Und oftmals ein Elternteil um sie dort abzusetzen. Ja, das kann man sich in Zukunft sparen, wie die Krise deutlich gezeigt hat. Auch wäre damit das Lehrerdefizit Geschichte. Die meisten Schüler können von zu Hause aus lernen und die Eltern werden auch wieder mehr mit ins Boot genommen. Mobbing und Gewalt an den Schulen würden auch der Vergangenheit angehören.

So gibt es noch zahlreiche andere Erkenntnisse aus der "Coroana-Krise", die uns auf ein besseres Leben vorbereiten, wenn wir unser Leben mit Gottvertrauen in unsere eigene Hand nehmen. Dazu gehört vor allem unsere Gesundheit. Das ist die wahrhafte "Corona-Impfung". Denn das nächste Virus kommt bestimmt!

Ganzheitliche Gesundheit

Jede Deiner Entscheidungen führt zu einem Endergebnis.

"Zig" Ziglar (1926 – 2012), nordamerik. Autor und
Motivationskünstler

Ganzheitliche Gesundheit

2. Alles beginnt mit einer Entscheidung

Endlich Sommer! Warme Tage und herrlicher Sonnenschein hatten in Zentraleuropa genau zum kalendarischen Sommeranfang eine lange, kalte und schneereiche Zeit vertrieben. Voller Freude und Lebensenergie joggte ich in die Weinberge, am südlichen Stadtrand von Wien gelegen. Ein herzhaftes Mittagessen, Kartoffelgulasch mit Salat, gab mir neue Kräfte für die zweite Tageshälfte. Die brauchte ich dringend! Denn ein ungewöhnliches, sehr überraschendes Ereignis stand im wahrsten Sinne des Wortes vor der Tür. Es war ein ziviles österreichisches Polizeifahrzeug.

Kaum 100 Meter war ich nach dem Verlassen meiner Wohnung gegangen, als die gut vorbereitete Falle zuschnappte. Ein hochgewachsener, athletischer Mann in sportlicher Kleidung versperrte meinen Weg. Sofort packte er meine Arme und legte mir Handschellen an. Alles ging sehr schnell, keine Zeit für Entscheidungen!

Ja, manchmal werden uns die Entscheidungen abgenommen. Der energische Herr stellte sich als Kommisar vor und hielt mir seine Polizeimarke unter die Nase. Zudem präsentierte er mir einen Haft- und Hausdurchsuchungsbefehl. Mit einer weiteren Person, die im Fahrzeug gewartet hatte, führte er mich in meine Wohnung zurück. Ausführlich durchsuchten sie die Wohnung, während mich zwei telefonisch herbeigerufene Beamte in eine düstere, stinkende Gefängniszelle brachten.

Meine kleine Wohlstandswelt war von einem Moment auf den anderen zusammengebrochen. Ich stand vor dem Nichts!

Es dauerte eine Weile, bis ich mich aus dem Schockzustand befreit hatte. Urin stand auf dem Fußboden der engen Gefängniszelle. Die Wände waren mit zahlreichen Sprüchen verschmiert und eine schwere, massive Eisentür rastete lautstark ins Schloss ein. Das kennzeichnete meine neue Umgebung.

Eine speckige Plastikmatte war der einzigste Gegenstand in der Zelle, die eher einem mittelalterlichen Verlies glich. Ich hätte nicht gedacht, dass es so etwas mitten in Europa geben würde. Nach einer Weile der Trauer nutzte ich die Matte, um einen Kopfstand zu machen. Das sollte meinen Blickwinkel ändern. Was auch dringend notwendig war. Und es funktionierte!

So traf ich eine der wichtigsten Entscheidungen meines Lebens: Diese schlimmen Umstände nicht zu akzeptieren!

Ich war kein gefährliches Tier, das man zum Schutze anderer in einen Käfig sperren musste. Den Vorwurf des Bankenbetruges, eine reine Papierangelegenheit, konnte man sicherlich mit anderen Methoden klären. So beschloss ich, auf jeden Fall zu fliehen, wenn sich nicht sofort auf überraschende Weise ein anderer Weg in die Freiheit ergeben sollte.

Alles beginnt mit einer **Entscheidung**! So auch der Weg zu Deiner ganzheitlichen Gesundheit.

Es liegt an Dir, diese Entscheidung jetzt zu treffen, auch wenn momentan möglicherweise einige Umstände und Tatsachen dagegen sprechen.

In meinem Fall sprachen sehr viele, offensichtlich schwere Umstände dagegen: Hohe Mauern, Gitterzäune, schwere Eisentüren, Kameras und gut ausgebildetes Wachpersonal. Zudem war ich, Gott sei Dank, nie zuvor mit solch einer Situation konfrontiert gewesen.

Ein Gefängnis kannte ich nur vom beliebten Finanzspiel "Monopoly" und von einer Besichtigungstour im berüchtigten "Alcatraz-Gefängnis", in der Bucht von San Francisco - USA, gelegen.

Treffen wir eine sehr gute Entscheidung, so fehlen die Zweifler und Negativ-Denker nicht, die uns sofort von dieser abbringen wollen. Das aufkeimende, oder bereits im Herzen lodernde Feuer, wird durch ihre verbalen Löschversuche attackiert und soll erstickt werden. Mit zahlreichen Beispielen untermauern sie, warum ein Vorhaben zum Scheitern verurteilt ist. Ja, reichlich Wasser wird über unser Feuer geschüttet. Da hilft nur eins: Fliehen, Negativ-Denker vermeiden, um ihren Löschversuchen zu entrinnen!

Das soll nicht heißen, dass wir gut gemeinte Ratschläge ignorieren sollen. So sagte der König Salomo: *„Wo es an Beratung fehlt, da scheitern die Pläne, wo viele Ratgeber sind, gibt es Erfolg."* Davon profitierte ich, als ich in einem argentinischen Pinienwald einen Trimm-Dich-Pfad errichtete. Die mir zur Verfügung gestellten Arbeiter brachten ihre praktischen Erfahrungen ein und trugen so wesentlich zu einem gelungenen Projekt bei.

Doch bedeutet es auch, dass wir Leute, die nur darstellen, warum etwas nicht funktionieren kann, vermeiden sollen. Denn sie selbst haben meist keine brauchbaren Lösungen. Dazu gehören auch permanente Nörgler, Besserwisser und Zweifler.

Diese meldeten sich selbstverständlich auch gleich in meiner schwierigen, praktisch aussichtslosen Zellensituation zu Wort.

Ich wurde aus der stinkenden Zelle in das eigentliche Untersuchungsgefängnis transportiert. Dort warteten über 1.000 Häftlinge auf ihren Prozesstermin. Als ich die Frage in meiner

Zelle, die mit sechs Gefangenen belegt war, stellte, ob eine Flucht denkbar wäre, antworteten sie sofort: „Das kannst Du vergessen! Hier wurden alle Sicherheitslücken sorgfältig geschlossen."

Der langjährigste Zellengenosse konnte von zwei Fluchtversuchen erzählen, die er in seinen insgesamt 22 Haftjahren erlebt hatte:

Ein gewaltsamer Fluchtversuch mit Geiselnahme scheiterte sehr schnell, während der andere, der mit List, Intelligenz und Unterstützung von außerhalb durchgeführt worden war, zunächst erfolgreich verlief. Allerdings griff man die flüchtige Person sehr bald wieder auf und die Sicherheitslücke, durch die er geschlüpft war, wurde gründlich beseitigt.

Doch es bewies, dass jedes menschliche System fehlbar ist. Eine intelligente, gewaltlose Aktion brauchte ich damals. Denn die bringt auch keine strafrechtlichen Konsequenzen mit sich. So beschloss ich, mich auf das Beobachten von Tatsachen zu konzentrieren, anstatt mich von Zweiflern von meiner festen Entscheidung abbringen zu lassen.

Einige werden sich nun vielleicht fragen, warum ich das alles berichte, und was das mit ganzheitlicher Gesundheit zu tun haben soll. Der Grund für die Ausführungen liegt darin, dass Du eine feste Entscheidung triffst, mit den Ratschlägen und dem kleinen, jedoch sehr effizienten Übungsprogramm, den Weg zur ganzheitlichen Gesundheit zu gehen.

Das soll Dich vor eigener Halbherzigkeit, Wankelmütigkeit und auch vor externen Stolpersteinen schützen. Denn wie viele Heimtrainer, Fitnessgeräte und Hantelbänke stehen verstaubt in tausenden von Kellerabteilen, Garagen und sonstigen Lagerräumen? Sie rosten vor sich hin, wie unsere Muskeln, wenn wir sich nicht bewegen. Einige davon dienen zumindest noch als Wäscheständer, oder haben andere Aufgaben übernommen.

Wie viele Verträge mit Fitness-Studios, Sportvereinen und Diätclubs beschränken sich lediglich auf die Beitragszahlung und auf die jährliche Weihnachtsfeier? Sicherlich unzählige! So ist es unvermeidbar eine dauerhafte Verpflichtung mit sich selbst einzugehen:

Beständigkeit statt Halbherzigkeit – Freude anstelle von Frust – Regelmäßigkeit statt Übertreibung – Einfachheit anstelle von unerfüllbarer Kompliziertheit – Treue statt Wankelmütigkeit – Erfolg anstelle von Scheitern!

Ich blieb bei meiner Entscheidung, die enge Zelle nicht zu akzeptieren und auf jeden Fall die Freiheit wieder zu erlangen. Die Gespräche mit meinen Pflichtverteidigern zeigten sehr schnell, dass ich auf eine Hilfe von außerhalb nicht hoffen konnte. Ihre eigenen Interessen, wie Honorarforderungen und Bequemlichkeit, standen im Vordergrund. Ich war also auf mich selbst angewiesen.

So bist auch Du auf Dich selbst angewiesen, die Umsetzung des einfachen Konzepts erfolgreich durchzuführen. Niemand wird Dir diese Aufgabe abnehmen, obwohl einige Fitnessgeräte das versprechen.

In gut inszinierten Werbefilmen legen dabei muskulöse Männer und schlanke Frauen einen Gürtel, oder Manschetten, mit elektronischer Impulsgebung an. Die Muskeln werden stimuliert, während man gemütlich die Zeitung liest, oder andere Tätigkeiten durchführt. Und schon nach wenigen Wochen kann man im Schwimmbad alle Blicke auf sich ziehen. Einfach traumhaft! Doch leider bleibt es ein Traum. Die nüchterne Wahrheit kommt schnell ans Licht und man wirft das nutzlose Instrument in den Keller, oder in den Müll.

Solche elektronischen Hilfsmittel werden im Rehabilitationsbereich erfolgreich eingesetzt. Das konnte ich selbst erfahren, als ich durch einen ausgefallenen Muskel meinen rechten Arm nur noch bis zur Schulterhöhe heben konnte. Eine Elektrotherapie, die sich über mehrere Monate hinzog, regte den funktionslosen Nerv an und der Muskel konnte seine Aufgabe wieder erfüllen. Die Nerven sind wie elektrische Leitungen, die Befehle vom Gehirn zu den entsprechenden Muskeln weiterleiten. Funktionieren diese Leitungen nicht mehr, wird der Muskel nicht mehr angeregt und die entsprechende Körperfunktion fällt aus. Zudem befindet sich in den Nerven unser Schmerzempfinden. Eine unangenehme Erscheinung, doch wichtig, um rechtzeitig heilende Maßnahmen einzuleiten, z. B. durch einen Zahnarztbesuch.

Jedoch sind diese Geräte als Trainingsinstrumente unbrauchbar. Deshalb brauchen wir Aktivität statt Passivität!

Welche guten und welche schlechten Entscheidungen haben wir im Verlauf unseres Lebens getroffen? Entscheidungen die wir bereuen und andere, die uns wirklich bereichert und gesegnet haben. Sicherlich ist unsere Entscheidungsfähigkeit ein wichtiger Faktor für die Qualität unseres Lebens. Manche Entscheidungen würde man gerne wieder rückgängig machen. Bei anderen wiederum haben wir zu lange gezögert und gewartet.

Die Entscheidung, mein Leben in die Hände Gottes zu geben, die ich in Panamá traf, zeigte sofort seine positiven Auswirkungen auf meine Gesundheit. Ich erhielt ein sogenanntes Heilungswunder. Ein Wunder brauchen wir, wenn begrenzte menschliche

Fähigkeiten nicht ausreichen, Dinge zu verändern. Und das ist leider öfter der Fall!

Viele Jahre lang war ich durch eine Achillessehnenentzündung mit Schmerzen geplagt gewesen. Dabei war ich in den Händen bester Sportmediziner, die in ihrer Arztpraxis in München nicht nur die Profis der deutschen Fußballnationalmannschaft betreuten, sondern auch zahlreiche Leistungssportler aus aller Welt. Viele unterschiedliche Behandlungsmethoden, Salben und Medikamente brachten keinen Erfolg. Zeitweise musste ich jeden Tag 80 (achtzig) relativ große, entzündungshemmende Tabletten einnehmen. Auch die angeratene Operation durch einen mit der Praxis in Verbindung stehenden Spezialisten brachte keine Verbesserung. Im Gegenteil: Durch die Operation musste ich während der Heilungsphase der Wunde den anderen Fuß stärker belasten, und damit setzte sich auch dort der permanente Schmerz fest. Nach einer gewissen Rehabilitationszeit war das Joggen wieder möglich. Doch danach, hauptsächlich am Morgen darauf, waren die Sehnen weiterhin stark angeschwollen und schmerzten erheblich, bis ein gewisser Aufwärmeffekt eintrat. Auch das sofortige Abkühlen der Sehnen mit kalten Wasser, wie mir empfohlen wurde, brachte nur wenig Linderung.

Als ich nun in Panamá nach meiner besten Entscheidung – Gott in mein Leben zu lassen - joggte, war ich am anderen Tag völlig schmerzfrei. So begann ich auch wieder auf einem Hartplatz Tennis zu spielen. Das hatte ich bereits wegen der Schmerzen aufgegeben. Doch nun konnte ich mit Freude meinen bevorzugten Sport wieder ausüben. Inzwischen sind über 13 Jahre vergangen und die Schmerzen, sowie das Anschwellen der Achillessehnen, sind nie wieder aufgetreten - Gott sei Dank.

Ja, Gott macht keine halben Sachen. Früher betrachtete ich solche Heilungsberichte übernatürlicher Art mit großer Skepsis. Heute weiß ich, dass für Gott nichts unmöglich ist!

So ist er unser Oberarzt, Cheftrainer und wichtigster Berater auf dem Weg zur ganzheitlichen Gesundheit. Durch gezielte und effektive Meditationsübungen, aber auch durch die Erkenntnis, dass wir übernatürliche Hilfe benötigen, werden hartnäckige Leiden beseitigt. Nun liegt es an Dir, Deinen Glauben zu aktivieren und die positive Entscheidung zur Durchführung des Übungsprogramms zu treffen!

Vor allem die Vorbereitung ist der Schlüssel zum Erfolg!

Alexander Graham Bell (1847 – 1922), britischer Erfinder und Großunternehmer

Ganzheitliche Gesundheit

3. Vorbereitung

Die meisten Prüfungen, Arbeiten und Vorführungen scheitern nicht in der Phase der Ausführung, sondern bereits vorher, in der schlechten Vorbereitung. Das kennen wir aus unserer Schul-, Lehr- und/oder Studiumszeit. Doch auch im Arbeitsleben sind viele Projekte und Tätigkeiten bereits durch mangelnde Vorbereitung zum Scheitern verurteilt. Das sehe ich gerade hier in Argentinien. Schon das pünktliche Einhalten von Terminen bereitet erhebliche Schwierigkeiten.

Natürlich hing auch mein Weg in die Freiheit durch eine erfolgreiche Flucht aus dem Untersuchungsgfängnis von einer guten Vorbereitung ab. Dazu gehörte das genaue Beobachten von den Tagesabläufen und Sicherheitsvorkehrungen innerhalb der Haftanstalt. Ein weiterer Schritt in Richtung Freiheit war die körperliche Vorbereitung.

Es schwebte mir eine Klettertour vom Gefängnishof aus in den zweiten Stock des angrenzenden Gerichtsgebäudes vor. Denn dort waren die Fenster nicht vergittert und boten einen möglichen Weg in die ersehnte Freiheit. Doch dafür musste ich meinen physischen Zustand zumindest erhalten, oder noch verbessern. Nach einem Monat verlegte man mich in eine kleine Einzelzelle, da man in der Gefängnisleitung meine häufigen Beschwerden über das ständige Rauchen der Mithäftlinge endlich zur Kenntnis genommen hatte.

Durch die Überfüllung des Gefängnisses wurden auch diese Zellen meist mit zwei Personen besetzt. Doch zunächst blieb ich alleine.

In der engen Räumlichkeit gab es zwei schmale Schränke, die ich im entsprechenden Abstand aufstellte und als Auflagen für einen Besenstil nutzte. Damit war meine Klimmzugstange schnell und einfach installiert. In meiner Jugendzeit musste ich mir dafür extra einen Bohrhammer kaufen, der genügend Kraft hatte, um die großen Löcher für die notwendigen Dübel und Schrauben in die Betonwände zu bohren. Daran befestigte ich eine schwere Eisenstange mit der ensprechenden Aufhängung im Keller meines Elternhauses.

Liegestützen und Übungen zur Kräftigung der Bauch- und Rückenmuskulatur konnte ich am Fußboden machen. Dafür reichte selbst der wenige Platz in der Zelle aus. Oft hatte ich das in unterschiedlichsten Hotelzimmern auf zahlreichen Geschäfts- reisen praktiziert. Doch wie sollte ein dringend notwendiges Ausdauertraining stattfinden?

Mit den ausgedehnten Läufen in den herrlichen Weinbergen von Wien war es auf unabsehbare Zeit vorbei. Der Gefängnishof, den wir täglich für eine Stunde zu einer festgesetzten Zeit aufsuchen durften, war dafür nicht geeignet. Er war von vier hohen Gebäuden eingeschlossen und in kleine Partiellen eingeteilt. Eine Seite bildete das Gerichtsgebäude, während die anderen drei vom Gefängnis waren. In den Partiellen gingen Gruppen von jeweils 20 bis 40 Personen im Kreis herum. Ein paar knieten am Boden, um Tabakreste zu suchen und einige schrien lautstark irgendwelche Informationen, oder Schimpfwörter, zu den Mit- häftlingen, die an den vergitterten Fenstern standen. In der Mitte stand ein Wachturm, dessen Polizeibesatzung dagegen wenig unternahm. So verzichtete ich sehr bald auf diese kurzen, stressigen Freiluftausflüge.

Ich beschloss, das Ausdauertraining in der Zelle zu praktizieren. Alternativen dazu gab es sonst keine. Zwei- bis dreimal pro Woche lief ich mindestens eine Stunde auf der Stelle. Zur Erzielung eines fußschonenden Abroll- bzw. Gleiteffekts legte ich ein Handtuch auf den PVC-Boden. Das funktionierte ganz gut und ich kam ordentlich ins Schwitzen. Doch manchmal war die Anspannung über die belastende, ungewisse Situation und durch die Schreie der Häftling so groß, dass ich durch Verkrampfungen in der Wadenmuskulatur das Laufen vorzeitig einstellen musste.

Dennoch half mir das einfache Handtuch-Laufband, meine Ausdauerfähigkeit wieder wesentlich zu verbessern. Ein Monat ohne Laufen und ohne ausgedehnte Spaziergänge war nicht spurlos an mir vorübergegangen. Doch in der vorherigen Zelle, die meist mit mindestens sechs Mann belegt war, verzichtete ich auf das Ausdauertraining in der dichten Wolke des belastenden Zigarettenrauchs. Ich beschränkte mich dort hauptsächlich auf Liegestützen. Das verhinderte zumindest ein völliges Einrosten meines Bewegungsapparates.

So erforderte die erste Trainingseinheit mit dem Laufen auf der Stelle eine erhebliche Anstrengung. Zudem war eine veränderte Lauftechnik gegenüber dem normalen Joggen im freien Gelände notwendig.

Es bestätigte auch die Wichtigkeit, Trainingsunterbrechungen zu vermeiden. Diese werfen uns weit zurück, frustrieren uns und geben uns das Gefühl, immer wieder von vorne anfangen zu müssen. In der Physik bezeichnet man dieses Phänomen mit dem Begriff der Trägheitskraft. Sie wirkt immer entgegengesetzt zur Richtung der Beschleunigung. Es kostet sehr viel Energie ein Objekt, z. B. ein Fahrzeug, aus dem Stillstand heraus zu beschleunigen. Die Trägheitskraft muss überwunden werden.

Ist das Fahrzeug erst einmal in Schwung, sprich in eine beständige Bewegung geraten, sinkt der Energieverbrauch erheblich ab. Das kennen wir vom hohen Benzinverbrauch unserer Autos im Stadtbereich. Das ständige Anfahren an Ampeln und nach sonstigen Verkehrshindernissen erhöht den Energiebedarf um einiges. Bewegt man sich dagegen auf einer ausnahmsweise staufreien Autobahn mit einer angemessenen Geschwindigkeit, so geht der Kraftstoffverbrauch beträchtlich nach unten. Drückt man das Gaspedal voll durch und führt damit den Motor in seinen höchsten Leistungsbereich, dann kostet das wiederum sehr viel Energie. Es kann den Motor sogar außer Funktion setzen.

Das ist dann vergleichbar mit übertriebenen Hauruck-Aktionen durch die man versäumte Trainingseinheiten wieder aufholen will. Unser körperlicher Motor dreht dann sehr schnell in den "roten Bereich" und es kommt zu Schmerzen und Ausfallerscheinungen. Man gibt dann frustriert die regelmäßigen Fitnessübungen auf und fängt irgendwann wieder von vorne an.

Das gilt es auf jeden Fall zu vermeiden! Deshalb ist eine vernünftige Ausführung des Trainings unter Berücksichtigung unserer begrenzten Kräfte sehr wichtig. Damit erzielen wir eine freudvolle Beständigkeit, die auf jeden Fall ihre gesundheitlichen Früchte hervorbringen wird.

Selbst die Profisportler sind davon nicht verschont. Der enorme Leistungsdruck, gerade im Fußball, zwingt die medizinischen Betreuer zu schnellen Maßnahmen, um die teuren Spieler wieder auf das Spielfeld zu bringen. Die Ärzte stehen damit im Konflikt mit Trainern und Managern, die oftmals kein Verständnis für längere Heilungsprozesse haben. Doch eine zu kurze Schon- und Heilungsfrist kann weitreichende Folgen haben, wenn die Verletzung sofort wieder aufbricht. So erfordert die Behandlung ein hohes Maß an Fingerspitzengefühl, aber auch Kompetenz und Durchsetzungsvermögen gegenüber Spielern und Trainern.

Ein sehr gutes Mittel gegen unsere Trägheit ist **eine kurze, effiziente Vorbereitungszeit.** Denn oftmals erstickt unser guter Wille, gesundheitsfördernde Maßnahmen durchzuführen, bereits durch die Gedanken an die notwendige Vorbereitung: „Soll ich jetzt wirklich noch den Wagen aus der Garage holen, um ins Fitness-Studio zu fahren?" „Oh, es regnet, besser verzichte ich heute einmal auf den Sportclub!" Leider regnet es oft, oder es ist zu heiß, oder man fühlt sich einfach nicht 100-prozentig fit. Deshalb ist es wichtig, unseren Gesundheitspfad von hohen Vorbereitungshindernissen zu befreien. Die Übungen sollen jederzeit und fast überall leicht durchführbar sein, damit unser Gedankenapparat keine Möglichkeit hat, Stolperfallen aufzustellen, Ausreden zu suchen, oder uns zu demotivieren.

Nicht immer haben wir das neueste Sport-Outfit zur Verfügung, um uns körperlich zu betätigen. Das ist auch gar nicht notwendig. Unser Gesundheitspfad kann mit normaler Freizeitkleidung beschritten werden. Das reduziert bereits erheblich die Vorbereitungsphase und wehrt zahlreiche gegnerische Attacken schon im Vorfeld ab.

Selbstverständlich benötigt das eine gewisse gedankliche Eingewöhnungszeit. Man muss sich von dem Modewetteifer eines Fitness-Studios verabschieden und die Dinge praktisch sehen. Dabei hilft ein bescheidenes Herz. Verschiedene ungewohnte und oftmals schwierige Lebensumstände haben mir die Erkenntnis vermittelt, dass ich meine Gesundheit nicht meinen gerade verfügbaren Geldmitteln, oder kurzlebigen Modetrends ausliefern darf. Einfach ran an die Übungen! So werden sie zur Gewohnheit, wie das Zähneputzen und andere wichtige Dinge. Und der Erfolg ist unvermeidbar. Just do it!

So habe ich in einer argentinischen Schule den Sportunterricht in normaler Kleidung durchgeführt: Lange Hose, Hemd und in Straβenschuhen.

Das lag einerseits an fehlenden Einnahmen bei dieser ehrenamtlichen Tätigkeit, und andererseits passte ich mich damit den Schülern an, die überwiegend aus dem Kinder- und Jugendheim kamen, auf dessen Gelände die Schule errichtet worden war. Wir hatten durch Kleiderspenden ausreichenden Zugriff auf gute Anziehsachen, doch war selten Sportkleidung dabei. Für die Kinder und Jugendlichen, die aus ärmsten und schwierigsten Familienverhältnissen stammten, war die gewöhnliche Kleidung schon ein nie gekannter Luxus.

Selbst an manchen, relativ kalten Wintertagen, musste ich sie daran erinnern, Schuhe anzuziehen und zumindest einen Pullover zu verwenden. Doch meist liefen sie barfuß über die kalten Fliesen im Haus, oder im vom Regen aufgeweichten Boden des 25 Hektar umfassenden Geländes.

Hier bestätigte sich, dass die Freude an sportlicher Betätigung nicht von äuβeren Umständen abhängt. Zudem hatten wir weder Umkleideräume noch Sportstätten. So legten wir den Sportunterricht auf die letzte Unterrichtsstunde. Damit konnten die Schüler und Schülerinnen, die im Heim wohnten, sogleich dort die sanitären Anlagen aufsuchen, während die, die von außerhalb kamen, zuhause eine Dusche nutzen konnten. Das war gerade nach den Laufübungen und nach dem Fußball spielen von Bedeutung. Denn auch bei aller Einfachheit ist es wichtig, dass wir einen notwendigen hygienischen Standard beachten. Das gehört selbstverständlich ebenfalls zu einem gesunden Leben.

Wir verfügten über ein paar Bodenmatten, die wir im betonierten Eingangsbereich der Schule für Übungen nutzten. Damit konnten wir auch die wichtigen Bewegungen zur Stärkung der Bauch- und Rückenmuskulatur durchführen. Doch das diente mehr dazu, das Bewusstsein für diese, speziell im jungen Alter, nicht gerade sehr beliebten Übungen, zu öffnen. So hängen Umfang und die Art der sportlichen Betätigung auch von der jeweiligen Altersphase ab.

Was nicht heißen soll, dass wir uns durch fortschreitendes Alter zu sehr einschränken, oder begrenzen lassen. Doch muss man sich auch bewusst sein, dass das Alter den Verschleiß unseres vergänglichen Körpers mit sich bringt.

Unsere Kräfte und Reaktionsgeschwindigkeiten nehmen in verschiedenen Altersstufen ab. Das beweisen u. a. die Sportprofis, die sich oft frühzeitig aus dem Leistungssport zurückziehen. Versuchen sie dann ein sogenanntes Comeback, müssen sie schnell erkennen, dass sie mit den jungen Sportstars nicht mehr mithalten können. Ich habe die Tennis-Legende Bjorn Borg bei seinem Comeback in München gesehen. Er hatte mit 26 Jahren seine Tenniskarriere beendet, um eine neue Herausforderung als Unternehmer wahrzunehmen. Dafür war er nicht vorbereitet gewesen. Es lief deshalb nicht so, wie er es sich vorgestellt hatte, bzw. wie es von zweifelhaften Beratern und falschen Freunden versprochen wurde. Also beschloss er, als Tennisprofi einen Neuanfang zu starten.

Er war etwa 40 Jahre alt, als er von zahlreichen Menschen umringt, zu seinem ersten Match auf dem Hauptplatz des ATP-Turniers in München marschierte. Doch auf dem Platz fühlte er sich sicherlich verlassen – verlassen von seinem früheren Talent und von seinen Siegesfähigkeiten.

Die Zeit war fortgeschritten, das Tennis war wesentlich schneller und athletischer geworden. Sein relativ unbekannter Gegner gewann mühelos das Match und Bjorn Borg musste einsehen, dass seine große Zeit nicht wiederkommen würde. Er entschied sich für die Seniors-Tour, ein Wettbewerb ehemaliger Tennisprofis. Dort spielte er noch einige Jahre sehr erfolgreich.

Er ist nur einer der Legenden, die nicht mehr in den großen Glanz ihrer früheren Erfolge zurückkehren konnten. Zu hoch ist die Leistungsanforderung im Profisport. Doch hindert uns das nicht, Freude am Freizeitsport zu haben und unseren Körper bis zum Lebensende in guter Verfassung zu halten, die Torah (jüd. "Bibel" auch Tora, oder Thora geschrieben) im Buch Devarim (Altes Testament, das 5. Buch des Mose) 34:7: *Mose war 120 Jahre alt geworden. Sein Sehvermögen hatte nicht nachgelassen und seine Kraft war nicht geschwunden.*

Dort, in den Resten des argentinischen Regenwaldes, lernte ich, mit bescheidensten Mitteln einen fruchtbaren Sportunterricht zu gestalten. Das gelang mir in erster Linie durch meinen allwissenden göttlichen Berater, den Geist Gottes (Ruach Elohim). Ihn bat ich vor jeder Sportstunde um fachkundigen Rat. Nur Gott ist in seiner unfassbaren und unendlichen Größe dennoch so bescheiden, dass er sich auch um solche irdischen Kleinigkeiten kümmert. Er ist tatsächlich mitten unter uns. Jeden Tag kann ich das feststellen! So bereitete den Schülern das Wettlaufen auf der langgezogenen Schottereinfahrt des Grundstücks besondere Freude. Nie hätte ich das für möglich gehalten! Zu sehr blockierten mich dafür anscheinend noch die Erinnerungen an die hervorragenden Sportstätten während meiner deutschen

Schulzeit. Startblöcke, genau ausgemessene Kunststoffbahnen, Startsignale und Stoppuhren prägten damals das Ambiente unseres Sportunterrichts.

Hier stand ich mit meiner einfachen Armbanduhr in der Hofeinfahrt und rief das Startsignal lautstark zu den bereitstehenden Schülern.

Es lohnte sich, dem Rat Gottes zu folgen, denn es ergab sich damit eine äußerst freudige und wirkungsvolle Sportstunde. Hin und wieder müssen wir unsere gedanklichen Mauern und Begrenzungen einstürzen lassen. Das öffnet Raum für Neues und Positives! Auch für eine kurze und effiziente Vorbereitung!

Ganzheitliche Gesundheit

Einfachheit ist die höchste Form der Vollendung.

Leonardo da Vinci (1452 – 1519), ital. Universalgelehrter

Ganzheitliche Gesundheit

4. Aktion: Einfach muss es sein!

Der Mensch liebt komplizierte Dinge, auch wenn er sie oftmals nicht versteht, um sich wichtig zu fühlen. Wer schenkt schon einer simplen Sache große Aufmerksamkeit? Viele Produkte, Maschinen, Telefone, Aufgaben, usw., müssen anspruchsvoll sein, oder zumindest so dargestellt werden, damit wir ihnen Aufmerksamkeit schenken.

Als ich in der Investmentfondsbranche arbeitete, konnte ich ein Lied davon singen. Unsere Kundenprospekte und Vorträge wurden mit hoch klingenden Namen und Begriffen bestückt, die wir hin und wieder selbst nicht verstanden haben. Komplizierte Grafiken und Analysen trugen dazu noch ihren Teil bei. Wörter, wie "sharp ratio", oder "Diversifikation", klangen gut und weckten Interesse. Gerade im Finanzbereich kam es in den letzten Jahren zu einer erheblichen Zunahme komplizierter Anlagestrategien und Finanzprodukte.

Das gewöhnliche Sparbuch, Festgeld und andere einfache Sparformen hatten praktisch ausgedient. Jetzt ging es um Money-Market-Fonds, Hedge-Fonds und Derivate, deren oftmals schwer zu erkennenden Gebühren und Anlagerisiken die Rendite auf den Nullpunkt, oder gar in den Negativbereich brachten und bringen. Man hörte häufiger das Wort: Negativwachstum.

Komplizierte Anlageprodukte vernichteten nicht nur zahlreiche Kundengelder, sondern sie trieben auch einige Finanzinstitute, hauptsächlich Banken, in tiefrote Zahlen. Gier und verantwortungslose Risikobereitschaft wirkten dabei wie ins Feuer gegossene Brandbeschleuniger.

Neben der Finanzbranche sind vom Virus der oftmals unnötigen Fachsprache und der damit verbundenen Kompliziertheit, zahlreiche andere Berufe befallen; denkt man beispielsweise an die Ärzte und an die Arzneimittelbranche.

Auch im Sport- und Gesundheitsbereich erschweren hin und wieder komplexe Übungen, Geräte und Behandlungsmethoden eine gute, und vor allem beständige Gesundheitsentwicklung. So ist es von großer Bedeutung, sich das Motto: "keep it simple!", zu verinnerlichen. Dabei spreche ich nicht vom Training der Leistungssportler, oder von den umfangreichen Tätigkeiten zahlreicher Sportvereine und sehr aktiver Freizeitsportler.

Hier geht es in erster Linie um gesundheitsfördernde Maßnahmen, die einfach und wirkungsvoll in den Tagesablauf eingefügt werden können. Das reicht von ein paar Übungen, die schnell und unkompliziert während eines Parkspaziergangs ausgeführt werden können, bis zur Bewegung im eng begrenzten Hotelzimmer.

Ein Trainingskonzept muss selbstverständlich immer die momentanen individuellen Verhältnisse einer Person berücksichtigen. Gesundheitszustand und aktueller Fitnessgrad spielen dabei eine wichtige Rolle. Doch kommt es auch auf unsere persönliche Zielsetzung, den Ehrgeiz und auf unsere bisherigen Erfahrungen mit sportlichen Tätigkeiten an. Danach richtet sich unsere Übungsgestaltung.

Um Dir dafür Anregungen zu geben, will ich Dir gerne meine eigene Situation als Beispiel vorstellen:

Im Kindesalter von ungefähr acht Jahren trat ich erstmals einem Sportverein bei. In der örtlichen Turnhalle schloss ich mich einmal pro Woche dem Turnunterricht an. Jedoch weiß ich nicht mehr, ob das mein eigener Wunsch, oder eher die Anweisung meiner Eltern war. Auf jeden Fall erinnere ich mich, dass die dortigen Aktivitäten, nach dem bekannten Turnvater Jahn, nicht gerade eine Begeisterungswelle in mir auslösten.

Allerdings erkennen wir durch die Ausübung verschiedener Tätigkeiten und Sportarten unsere Talente. Das Fußball spielen bereitete mir dagegen viel Freude. Jungs verschiedenen Alters trafen sich auf den schönen Grünflächen unserer Wohnsiedlung, um eifrig der Aktivität nachzugehen. Diese Freude konnten nicht alle mit uns teilen. Speziell der Hausmeister hatte große Sorge um den Zustand des gepflegten Rasens, während die Hausfrauen um ihre frisch aufgehangenen Wäscheteile bangten, in die hin und wieder der Ball geschossen wurde. Heute kann ich deren Verärgerung gut verstehen.

Auf jeden Fall wollte ich, wie wahrscheinlich die meisten Jungs und heutzutage auch einige Mädchen, in einen Fußballverein eintreten. Davon waren meine Eltern nicht begeistert. Meine Mutter sah zahlreiche Fußverletzungen auf mich zukommen, obwohl ich mir bis dahin beim Fußball spielen lediglich das Schlüsselbein gebrochen hatte: Bei einem Foul gegen mich fiel ich äußerst unsanft auf meine Schulter. Das führte zu dem Knochenbruch, der, Gott sei Dank, bis heute der einzigste geblieben ist. Doch bestätigten sich im Laufe der Jahre die Befürchtungen meiner Mutter. Bedingt durch einen sehr hohen Fußrist, zog ich mir bei fast jeder Fußballpartie, in der mit Stollenschuhen gespielt wurde, eine Verletzung zu. So war es gut, dass ich in den örtlichen Fußballverein tatsächlich nicht eintreten durfte.

Allerdings gab es dafür eine sehr gute Alternative: Das Handball spielen. Erwartungsvoll, jedoch skeptisch, ging ich mit zehn Jahren in das erste Training. Schon bald darauf gab es die ersten

Punktspiele. Begeistert blieb ich bis zur Einberufung in die Bundeswehr in der Mannschaft, die über all die Jahre in fast der selben Besetzung spielte.

Zahlreiche Reisen und Erlebnisse prägten das intensive Vereinsleben. Das Motto "keep it simple" war dabei nicht zu verwirklichen. Zweimal pro Woche musste trainiert werden und jedes Wochenende, abgesehen von den Schulferien, gab es Punktspiele oder Turniere zu bestreiten.

Einige von Euch kennen das sicherlich aus unterschiedlichsten Sportarten. Doch ist auch der aktive Vereinssport nicht mit einem Gesundheitspfad zu vergleichen. Wettkampf und soziales Engagement stehen im Vordergrund - alles hat seine Zeit!

So beendeten Bundeswehr und räumliche Veränderungen meine Vereinsaktivitäten und führten mich zu individuellen Sportarten, mit denen ich schon während der Handballzeit begonnen hatte.

Das Joggen entwickelte sich bis zu meinem 50. Lebensjahr zu einem ständigen Begleiter. Dabei sah es lange Zeit nicht so aus. Denn in meiner Jugend bereitete mir das Laufen von Lang- und Mittelstrecken sehr wenig Freude. Genauer gesagt, es war eine Qual für mich. Doch während des Laufzwanges in der Bundeswehr, entwickelte es sich zu meiner Leidenschaft. Dabei half mir auch ein Buch über die richtige Lauftechnik. Ich kaufte es mir, nachdem mich ein Bundeswehrkollege auf meinen sehr Kraft raubenden Laufstil aufmerksam gemacht hatte. Der Erfolg stellte sich sehr schnell ein. So lief ich bald wesentlich effizienter und vor allem mit mehr Freude.

Das kennt man auch von anderen Ausdauer intensiven Sportarten. So kämpfen sich einige Schwimmer mit großer Anstrengung durch das Wasser, ohne wirklich vorwärts zu kommen. Andere dagegen, mit richtiger Technik vertraut, gleiten schnell und mühelos, fast wie Fische, durch das Wasser. Ja, es ist wichtig, die richtigen Muskeln zur richtigen Zeit einzusetzen. Die Muskeln, die man für die physische Anstrengung momentan nicht braucht, können sich währenddessen erholen. Dabei kann die Erholungsphase nur wenige Bruchteile einer Sekunde betragen. Doch bei einer langen Rad-, Lauf- oder Schwimmstrecke summiert sich das und markiert die Differenz zu den anderen Wettkämpfern.

Generell müssen wir die Begrenztheit unserer physischen Kräfte akzeptieren und daraus das Beste machen. Optimismus ist wichtig und gut. Allerdings darf er nicht zur hoffnungslosen Selbstüberschätzung führen. Sonst zerschmettert uns die Realität eines Tages.

Als ich, am persönlichen Höhepunkt meiner Jogging-Zeit angelangt, den Marathon in Dubai lief, wurden mir bereits am Start diese Tatsachen vor Augen geführt. Der Start war auf 7 Uhr morgens angesetzt. Es war noch dunkel, als ich zu der Veranstaltung marschierte. Erwartungsvoll stand ich in dem damals noch kleinen Teilnehmerfeld. Mühelos näherte ich mich der noch verwaisten Startlinie, an der erst nach und nach die professionellen Läufer und Läuferinnen ihre Positionen einnahmen.

Magere, doch durchtrainierte Laufkörper, überwiegend aus afrikanischen Ländern, präsentierten sich dort. Eine Siegesprämie von 50.000 US-Dollar hatte sie für diesen Wettbewerb motiviert. Als der Startschuss fiel, legten sie los, als hätten sie nur eine Sprintstrecke zu bewältigen. Ich wusste nicht, ob ich lachen oder weinen sollte.

Angestachelt von diesen hervorragenden Läufern, setzte ich mich auch in Bewegung. Die Gruppe entfernte sich rasch. Ich wusste, dass ich nicht zu den begnadeten Langstreckenläufern gehörte. Dennoch schockierte mich die enorme Leistungsdifferenz.

Nun begann ein langer Kampf mit mir selbst. Ich hatte mich, angesport durch den Blitzstart der Profis und anderer sehr guter Läufer, zu einem zu hohen Anfangstempo hinreißen lassen. Genau das wollte ich vermeiden! Jetzt forderte es seinen Tribut. Zudem erhob sich die wärmende Sonne in der arabischen Wüstenstadt. Nur wenige Zuschauer klatschten und feuerten uns durch Zurufe an. Plötzlich hörte ich einen lauten Zuruf: „Es sind nur noch zehn Kilometer!" Mir zog es fast den Boden unter den Füßen weg. Bereits bei Kilometer 25 war mein Motor in den hochroten Bereich gelangt. Meine Kniegelenke und Fußknöchel schmerzten. Gab es überhaupt ein Gelenk, oder einen Muskel, der nicht schmerzte? Ich glaube nicht.

Auf jeden Fall wurde das Ganze jetzt zu einer großen physischen und mentalen Schlacht. Ich erinnerte mich während des Laufens daran, wie ich in der Vorbereitungszeit auf schattigen, gepflegten deutschen Waldwegen oftmals relativ leichtfüßig und mit Freude 20 und mehr Kilometer zurücklegte. „Wo war das jetzt?", fragte ich mich. Ich kämpfte weiter und natürlich gab es auch einige Leidensgenossen.

Einer davon überholte mich zügig, um dann kurz darauf stehen zu bleiben. Dann ging er weiter. Ich lief an ihm vorbei. Anschließend legte er wieder los und passierte mich, bis er wieder stehen blieb. Das wiederholte sich drei- oder viermal. Dann gab er auf! Hier war gut zu sehen, wie schwer unsere Trägheit zu überwinden ist. Der ständige Neuanfang kostet unheimlich viel Kraft und braucht einen enormen Motivationsschub. Deshalb war mein fester Vorsatz: Bloß nicht stehen bleiben!

Gott sei Dank, gab es nur wenige Steigungen zu überwinden. Die beschränkten sich auf langgezogene Brücken. Doch selbst die kamen mir vor, wie der Anstieg auf einen hohen Berg. Irgendwann erreichte ich die lange Zielgerade und beendete die Distanz von etwas über 42 Kilometern.

Der Läufer, der die ursprüngliche Strecke von Marathon nach Athen gelaufen war, um eine Siegesnachricht zu überbringen, brach angeblich tot zusammen. Das blieb mir erspart. Doch blieb es auch mein einzigster Marathon. Man muss eben realistisch mit seinen eigenen Fähigkeiten und Kräften sein. Der Muskelkater verging, die Laufleidenschaft blieb. Allerdings bevorzugte ich danach Strecken von 10 bis 15 Kilometern. Die lief ich mit viel Freude zwei- bis dreimal pro Woche.

Alles hat seine Zeit und nichts ist beständiger als der Wandel.

Der Geist Gottes, der auch mein Cheftrainer und Fitnessberater ist, kündigte mir in meinem 50. Lebensjahr an, dass ich das Laufen jetzt einstellen sollte. Ich tat es, denn in der Gehorsamkeit liegt der Segen. Stattdessen avisierte mir mein göttlicher Berater, dass ich relativ weite Strecken gehen, bzw. wandern werde. Ich hatte keine Vorstellungen, in welcher Dimension das schon bald verwirklicht werden sollte. Jedoch bekam ich in Mendoza, einer sehr schönen Stadt in Argentinien, zu Füßen der hohen Gebirgskette der Anden, einen ersten Vorgeschmack darauf.

Der Geist Gottes kündigte mir einen Fußmarsch von Mendoza, der Hauptstadt des gleichnamigen Bundeslandes, nach Tupungato an. Das enthüllte er mir in einem Gebet. Beten ist das Sprechen mit Gott, das Meditieren, während wir mit unserem Schöpfer verbunden sind. Dabei verwendet Gott meist nicht eine hörbare Stimme, sondern er teilt uns auf vielfältigste Weise seine Vorstellungen für unser Leben mit. Das können Bilder, Visionen und Träume sein, aber auch Informationen durch andere Menschen, Filme, oder Werbetafeln. Unsere ständige Kommunikation mit Gott entwickelt ein Gespür für seine Antworten.

Die kleine Stadt, die den gleichen Namen hat, wie der von dort aus sehr gut sichtbare Vulkan, kannte ich von der Besichtigung einer Immobilie. Die Strecke beträgt etwa 90 Kilometer. Durch lange Spaziergänge innerhalb des Stadtgebietes von Mendoza, sowie im weitläufigen Park, der zu den größten und schönsten von Südamerika gehört, war ich das Gehen von 20 bis 30 Kilometern gewohnt. Doch das war nun eine Entfernung, die ich erst einmal auf mich wirken lassen musste. Allerdings gab es dafür gar nicht so viel Zeit.

Bereits am nächsten Morgen ging es mit wenig Gepäck los: Sonnenbrille, eine Bibel und Bargeld in Höhe von umgerechnet etwa einem Euro. Das wenige Geld verringerte die Versuchung, den Weg durch eine Busfahrt zu erleichtern. Auf große Trinkwassermengen verzichtete ich, da ich nicht die Sahara durchqueren musste.

Herrlicher Sonnenschein verdrängte die kalten Nachttemperaturen, als ich mich am darauffolgenden Tag in Bewegung setzte. Ich kaufte keine speziellen Ausrüstungsgegenstände, sondern marschierte mit normaler Freizeitkleidung los: Bequeme Schuhe, Jeans, Hemd und ein Sakko. So hatte es mir mein göttlicher Ratgeber empfohlen. Daran hielt ich mich streng.

Als ich endlich, nach fast zwei Stunden, die langgezogene Stadt hinter mir gelassen hatte, erreichte ich die ersten großen, weit über Argentinien hinaus, bekannten Weingüter. Mendoza ist die größte Weinregion Argentiniens.

Der Marsch war hier in der schönen Weingegend eine wahre Freude, auch wenn von den Trauben durch den gerade beginnenden Frühling noch nichts zu sehen war. Inzwischen hatte ich gut 20 Kilometer an Wegstrecke zurückgelegt, bei einer Geschwindigkeit von fünf bis sechs Kilometern pro Stunde. In der Bundeswehrzeit erlernte ich die Marschgeschwindigkeit einer Armee, die mit sechs Kilometern pro Stunde angesetzt war.

Jetzt ging ich sicherlich ein wenig langsamer, obwohl ich, Gott sei Dank, nicht schweres Gepäck mitschleppen musste. Diese Erkenntnisse ließen auf eine Gesamtzeit von 16 bis 17 Stunden für die ungefähr 90 Kilomer schließen, sofern es keine unangenehmen Überraschungen geben würde.

Das waren die theoretischen Überlegungen. Die Praxis dagegen sah nach Einbruch der Dunkelheit vollkommen anders aus. Ich hatte nur eine kurze Getränkepause eingelegt. Dabei kaufte ich mir mit meinen bescheidenen finanziellen Mitteln eine Flasche Mineralwasser mittlerer Größe. Auf Essbares hatte ich ganz verzichtet. Mittlerweile war ich 12 Stunden unterwegs und meine Armbanduhr zeigte 22 Uhr an.

Ein Wegweiser bestätigte mir meine Marschgeschwindigkeit mit einer zurückgelegten Entfernung von etwa 65 Kilometern. Mit der physischen Erschöpfung spürte ich nun auch, trotz ausreichender Bewegung, die stark gesunkenen Temperaturen. Es fehlten noch etwa 25 Kilometer bis zum Ziel. Diese Faktoren setzten nun eine mentale Auseinandersetzung frei, die wir alle kennen. Der Feind, die finsteren Mächte, bombadiert uns mit Zweifeln und mit Gründen für ein vorprogrammiertes Scheitern. Doch bereits am Anfang dieser Attacken wehrte ich mich mit einem kraftvollen Gebet, das ich, auf der relativ einsamen

Landstraße marschierend, sprach. Ich brauchte Hilfe, genauer gesagt: Ein Wunder brauchte ich!

Das Gebet zeigte seine Wirkung. Nach 10 bis 15 Minuten sah ich auf der rechten Straßenseite ein grelles Scheinwerferlicht, das den Eingangsbereich eines größeren Grundstücks markierte. Ich wechselte die Straßenseite. Da rief mich eine Stimme. Ich ging zu der Person, die ich nun erspähte. Offenbar war es eine Sicherheitskraft, die das Grundstück bewachte.

Der junge Mann fragte mich, was ich hier zur nächtlichen Stunde machen würde. Ich antwortete, dass ich auf dem Weg nach Tupungato sei und vergewisserte mich über die Korrektheit der eingeschlagenen Richtung. Er bestätigte, dass die Landstraße direkt dorthin führen würde. Er musterte meine Kleidung und meine Bibel, die ich unter dem Arm hatte. Dann riet er mir von meinen Plänen, den Weg fortzusetzen, dringend ab. Er meinte, dass dies das letzte Weingut bis Tupungato sei. Nun würden gefährliche Siedlungen folgen, an denen ich nicht unbelästigt vorbeigehen könnte. Die Diebe und Wegelagerer, die es leider in Argentinien und anderen Ländern zur Genüge gibt, würden mir alles rauben und auch vor Schusswaffengebrauch nicht zurückschrecken. Bargeld hatte ich keines mehr. Jedoch wusste ich aus meinen inzwischen fünf Jahren, die ich bis dahin in Süd- und Zentralamerika verbracht hatte, dass die Warnung des jungen Mannes sicherlich berechtigt war.

Das Sakko und meine gute Kleidung bewährten sich jetzt. In lässiger Wanderkleidung hätte mich der Sicherheitsmann wahrscheinlich nicht in das Grundstück, das er schützen musste, hineingelassen. Denn er kannte mich nicht, ich kam zu einer ungewöhnlichen Zeit und war Ausländer. Doch mein göttlicher Berater wusste schon bevor ich losging, was passieren würde, und gab mir deshalb diese Empfehlungen. Gott, der Schöpfer, kennt unsere Zukunft, denn er gestaltet sie. So einfach ist das!

Der Wachmann riet mir, mit ihm in seiner kleinen Schutzkabine zu warten, bis das Tageslicht die ungefährliche Fortsetzung meines Weges ermöglichen würde. Ich stimmte erleichtert zu. Er gab mir eine dicke Jacke und bot mir einen Tee an. Ich war sehr dankbar dafür. Damit wurde ich aus einer sehr schwierigen Situation befreit: Kälte, Erschöpfung, Hunger und Gefahr.

Anschließend verständigte der junge Mann den Verwalter des Weingutes, der in einem nahe gelegenen Haus auf dem Grundstück wohnte. Damit öffnete Gott weitere Türen.

Der zunächst skeptische Mann kam zu uns. Wir unterhielten uns ein wenig. Dann lud er mich auf einen Kaffee und Gebäckstücke in sein Haus ein. Das tat sehr gut! Seine Familie war dabei anwesend. Unser Gespräch motivierte den Verwalter, seinen Bruder anzurufen. Bald darauf traf er mit seiner Familie ein. Wir unterhielten uns über die Kirche und Glaubenserfahrungen. Schließlich fuhr ich mit ihnen nach Hause und erhielt dort eine wahrlich überraschende Übernachtungsmöglichkeit. Ja, so schnell kann ein intensives Gebet die mächtige Hand Gottes bewegen.

Ich war froh, dass er meine erste Langstrecke um 25 Kilometer verkürzt hatte, und dass ich nicht den gesamten Weg zurückgehen musste. Glücklich über das körperliche und geistliche Erlebnis setzte ich mich in den Bus. Mein neuer Bekannter hatte mir dafür, wohl durch eine Eingebung bedingt, das Geld im Auto zugesteckt. Es sollten noch einige überraschende Märsche in Argentinien, Brasilien und Paraguay folgen. Der Anfang war gemacht: Einfach und erfolgreich!

Die Märsche markierten eine Zeit der Prüfung für mein Ministerium. Mein Glaube an Gott, "der Ewige", wurde im Ofen der Bitterkeit geläutert. So führten mich die Märsche an die Grenzen meiner physischen und mentalen Belastbarkeit. Ich wanderte fast immer in der Nacht, um die, auch im Winter starke Sonne Südamerikas zu vermeiden. Gott schützte mich vor Regen und Gefahren, und wenn ich keine Kraft mehr hatte, trugen mich die Schutzengel auf ihren Händen.

Doch auch das hatte seine Zeit. Jetzt führe ich zwei- oder dreimal in der Woche tagsüber Spaziergänge durch, um damit eine gewisse Ausdauerfähigkeit zu erhalten. Zudem kräftigen sich dabei Rücken- und Beinmuskulatur.

Doch ist es wichtig, in unser Übungsprogramm möglichst angenehme Ausdauertätigkeiten einzubauen, die ohne großen Vorbereitungsaufwand, sozusagen aus dem Stegreif heraus möglich sind: Fahrrad fahren, spazierengehen, wandern, joggen, oder etwas aufwendiger in der Vorbereitung: Rudern, Schwimmen, Schilanglauf.

Das sind Basisausdauertätigkeiten, die man bis ins hohe Alter ausführen kann, ohne dabei auf einen Partner, oder gar auf mehrere Personen angewiesen zu sein. Selbstverständlich ist es schön, wenn man einen gesunden Partner hat, mit dem man gemeinsam die sportlichen Aktivitäten genießen kann. Allerdings ist es wichtig, das nicht als Voraussetzung anzusehen, um damit seine Gesundheit nicht von anderen Personen abhängig zu machen.

Zu meinem Basisprogramm gehört für mich seit langer Zeit eine kleine Übungseinheit, die ich in verschiedenen Varianten fast mein ganzes Leben hindurch praktiziere. Doch in den letzten Jahren dienen diese Übungen vor allem zum Erhalt der

Schmerzfreiheit meiner Wirbelsäule und zur Förderung einer gewissen Grundmuskulatur im Oberkörperbereich, die zudem Haltungsschäden vermeidet.

Viele Menschen leiden heute unter Rücken- und Bandscheibenproblemen. Das betraf auch mich über einige Jahre hinweg. Einige Bekannte und Berufskollegen hatten sich aufwendigen Operationen mit mäßigen Erfolgen unterzogen. Ich versuchte herkömmliche Mittel, wie das Auswählen der bestmöglichen Matratzen, um nicht schon am Morgen mit Schmerzen aufzustehen. Doch auch das zeigte wenig Wirkung.

Inzwischen habe ich in schwierigen Zeiten auf Holzbänken und Steinböden geschlafen, doch hatte ich beim Austehen keine Schmerzen mehr. Denn ich setzte auch in diesen Zeiten der Prüfung und Belastung beständig mein Übungsprogramm fort. Das ist äußerst wichtig!

Die gute Nachricht ist, dass sich auch Bandscheibenverletzungen gut ausheilen lassen. Mit Anfang 30, als ich meine chronische Achillessehnenentzündung einer Operation unterzog, fügte ich mir noch einen Bandscheibeneinriss im Bereich der Halswirbelsäule zu. Das war keine einfache Angelegenheit.

Das Gehen mit den Krücken verursachte erhebliche Verspannungen im Schulter- und Nackenbereich. Da ich durch die Fußoperation logischerweise zunächst weder Joggen noch Tennis spielen konnte, führte ich zum Bewegungsausgleich verstärkt Übungen an meiner Klimmzugstange durch, die diese Verspannungen noch erhöhten. So kam es eines Tages beim Praktizieren der Klimmzüge zum Einriss einer Bandscheibe. Ein Problem, das im Halswirbelbereich auch häufig bei Fußballspielern durch die Wucht von Kopfbällen verursacht wird. Die Auswirkungen sind unterschiedlich.

Sie hängen von den beeinträchtigten, bzw. zwischen die Wirbel eingeklemmten Nerven ab. Bei mir kam es zu einem lästigen "Ameisenlaufen", ein ständiges Kribbeln in den Händen und Unterarmen.

Durch Aufbauspritzen, spezielle Lockerungsübungen, Massagen, Entspannungsbäder und Schonung der Schulter- und Nackenmuskulatur wurde nach einigen Wochen die Ausheilung des Fast-Bandscheibenvorfalls erzielt. Die Bandscheibe, bzw. deren äußerer Schutzmantel, war eingerissen, jedoch nicht vollständig beschädigt worden. Unzählige Stunden verbrachte ich in den Wartezimmern von Ärzten und Therapeuten. Einige von Euch kennen das sicherlich.

So investiere ich nun gerne zweimal pro Woche eine gute halbe Stunde zur Vorbeugung, denn wie heißt es zu recht: Vorbeugen ist besser als heilen!

In einer Zeit des Joggens, jedoch ohne meine speziellen Rücken- und Bauchmuskelübungen, erhöhten sich die Schmerzen und Probleme im Bereich meiner Lendenwirbelsäule. Bereits das morgendliche Aufstehen fiel mir schwer und beim Anziehen versuchte ich durch ein Aufstützen der Hände die Belastung der Wirbelsäule zu reduzieren. Hin und wieder führte das zum äußerst schmerzhaften "Hexenschuss", wie das Einklemmen der Nerven zwischen die Knochen der Wirbelsäule oft genannt wird. Das machte den Tag, aber auch die Nacht zur Qual.

Durch den Geist Gottes, der hier mit uns auf Erden, genauer gesagt, in uns weilt, erhielt ich die Botschaft, dass meine Wirbelsäule geheilt wird. Jedoch muss ich auch meinen Teil dazu beitragen, und zwar in Form der vorbeugenden und Muskel stärkenden Übungen. Diese wird Gott nicht für mich übernehmen. Das war eine zu akzeptierende und gute Lösung! So führe ich die Übungen durch, wo ich gerade Platz und Möglichkeiten dafür habe.

Das war nun gerade in der Republik Panamá der Fall. Nach fast 13 Jahren war ich in das Ministerium "Casa de Oración Moriah" (Gebetshaus Moriah) zurückgekehrt. Dort gab es eine spirituelle Überraschung, die ich erst einmal verdauen musste. Jeder, der von ganzem Herzen an geistlicher Entwicklung und Wahrheit interessiert ist, wird diese Wahrheit für sich finden. Die genaue Darstellung darüber würde den Rahmen des Buches sprengen. Doch will ich auf jeden Fall einen Hinweis auf meine Haupterkenntnisse geben: Es gibt nur einen Gott als allmächtigen Schöpfer (erstes Gebot der zehn Gebote), und die Torah (Lehre, Lebensbotschaft, Gesetz) ist das ursprüngliche Buch, das den "altbewährten Weg" markiert. Die Torah (jüdische "Bibel", auch Tora, oder Thora geschrieben) wurde oft in veränderter Form wiedergegeben, u. a. im Alten Testament. Dagegen wurde die Dreifaltigkeit Gottes (Vater, Sohn, Heiliger Geist) als Religion zur Stärkung und Ausdehnung der Macht des römischen Reiches installiert. Kaiser Konstantin der Erste war durch seine Vision vom Kreuz der Initiator. Der Weg dafür wurde auf dem Konzil von Nicäa 325 n. Chr. geebnet.

Das Übungsprogramm, das den Schwerpunkt des Buches darstellt, führe ich zweimal pro Woche durch.

Der Zeitaufwand beträgt dabei jeweils ungefähr eine halbe Stunde. Das ist somit ein wirklich zu bewältigendes Basisprogramm. Doch liegt der Erfolg in der absoluten Beständigkeit.

Ich beginne mit leichten Dehn- und Aufwärmübungen, die ich immer in gleicher Form durchführe:

Im aufrechten, geraden Stand winkle ich mein rechtes Bein im Kniegelenk nach hinten ab. Dann umfasse ich etwas oberhalb des Fußgelenkes mein Bein mit der rechten Hand und ziehe es möglichst nahe an das Gesäß heran. Ich halte es, vollständig im Kniegelenk abgewinkelt, etwa 20 bis 30 Sekunden lang. Wenn möglich, stabilisiere ich mit der linken Hand durch das Abstützen an einem Baum, Stange, Wand oder Stuhl, mein Gleichgewicht. Doch es geht nach einer gewissen Eingewöhnung auch ohne die Hilfen. Dabei spüre ich die Dehnung des Oberschenkelmuskels, aber auch im Rückenbereich kommt es zu einer Dehnung und Aufwärmung. Danach dehne ich das andere Bein in der selben Weise.

Anschließend beginne ich, ebenfalls in aufrechter, gerader Körperhaltung, mit leichten Rumpfdrehungen. Dabei belasse ich die Füße in einem Abstand von ungefähr einem halben Meter. Meine gestreckten, parallel ausgerichteten Arme bewege ich mit einer Rumpfdrehung nach links und dann nach rechts. Manchmal höre ich dabei das Einrasten der Wirbelknochen, die sich wieder in die richtige Position begeben. Das Drehen wiederhole ich mit zunehmender Intensität ein paar Mal.

Danach fasse ich meine Hände hinter dem Rücken an und bewege die Arme langsam und ausgestreckt nach oben. Dabei belasse ich den Körper in aufrechter Haltung und in gleicher Fußposition wie bei den Rumpfbeugen. Ich spüre damit nun eine gute Anspannung im Schulter- und Brustbereich, aber auch die Bauchmuskulatur wird dabei angespannt und aufgewärmt. Das führe ich zwei- bis viermal durch.

Und schon ist mein Aufwärmen und Dehnen fertig. Selbstverständlich kann hier jeder seine eigenen Lieblingsdehnübungen einbauen, ohne jedoch die Sache zu aufwendig, oder zu anstrengend zu gestalten.

Jetzt beginne ich mit der ersten Übung:

Ich setze mich auf das saubere und schöne Gras. Zudem vermeide ich Ansammlungen von Ameisen und von anderen Insekten. Dann senke ich meinen Rücken in die Liegeposition ab.

Die Beine lasse ich im Kniegelenk stark angewinkelt, indem ich die Fersen ans Gesäß heranziehe. Ich fasse meine Hände unter dem Kopf an, sodass der Hinterkopf wie in einer Schale von ihnen umschlossen ist. Dann erhebe ich den Oberkörper durch Anspannung der Bauchmuskulatur nach oben. Jedoch nur einige Zentimeter, bis eine vernünftige Belastung und Spannung der Bauchmuskulatur spürbar ist. Ein zu hohes Aufrichten, bis fast zu den Oberschenkel, führt meist zu negativen Auswirkungen auf das Hüftgelenk und ist auch nicht erforderlich. Wichtig ist, die Übung ruhig und sauber auszuführen, ohne dabei den Oberkörper mit einer Anstrengung in den Armen ruckartig nach oben zu ziehen. So kommt es zu einer konstanten und effektiven Anspannung der Bauchmuskeln. Das Aufrichten und Absenken wiederhole ich mehrmals. Ein guter Mittelwert liegt hier bei 20 bis 30 Wiederholungen.

Selbstverständlich sind es beim Start mit dem Übungsprogramm nicht sehr viele Wiederholungen. Doch das steigert sich schnell und gut, wie Du selbst feststellen wirst. Heute könnte ich hin und wieder eine höhere Anzahl von Wiederholungen machen. Doch ich belasse es bei einer Obergrenze, um nicht in einen aufopfernden Leistungswettbewerb mit mir selbst einzutreten. Die Anzahl schaffe ich an manchen Tagen sehr gut, an anderen Tagen dagegen kostet es Anstrengung und Überwindung. Es sollte natürlich auch nicht zu leicht sein. Die Wiederholungs-anzahl muss jeder für sich selbst einstellen.

Denn wie sagte der deutsche Dichter J. Wolfgang von Goethe (1749 – 1832 n. Chr.) angeblich so trefflich: „Mit übertriebenen Anforderungen an sich selbst bereitet man sich nur unaufhörlich Niederlagen und bringt sich um den Genuss des Lebens."

Danach mache ich eine kurze Pause von 30 bis 60 Sekunden, ohne jedoch dabei streng auf die Uhr zu blicken. Das Timing dafür bekommt man mit der Zeit. Die Übung ist zudem nicht zu kraftraubend, als dass man dafür eine längere Erholungspause benötigen würde.

Dann führe ich die Übung ein zweites Mal durch. Jetzt mit 10 bis 20% weniger an Wiederholungen. Jedes Aufrichten ist dabei eine Wiederholung. Beim dritten und letzten Mal sind es nochmals weniger Wiederholungen. Wie bereits erwähnt, bedarf das einer individuellen Einstellung und Anpassung.

Nach einer Pause von ungefähr zwei bis drei Minuten komme ich zur nächsten Übung für die Stärkung der Bauchmuskulatur:

Dazu setze ich mich mit leicht angewinkelten Knien auf den Rasen, die Decke, das Kleidungsstück, oder im Idealfall, auf eine Übungsmatte. Dann hebe ich die Füße ein wenig vom Boden ab und belasse sie während der Übung in dieser Schwebeposition. Das erfordert ein Ausbalancieren mit dem Oberkörper, den man dafür leicht nach hinten ausrichten sollte.

Mit beiden Händen berühre ich nun gleichzeitig den Boden auf meiner rechten Körperseite, ungefähr auf Hüfthöhe. Dann drehe ich meinen Oberkörper nach links, um auf der anderen Seite den Boden in der gleichen Weise zu berühren. Anschließend drehe ich zurück auf die rechte Seite und stelle dort erneut mit beiden

Händen ein kurzen Bodenkontakt her; es ist nur ein leichtes Antippen. Das zähle ich als "eins". Die Bewegung von rechts nach links und wieder zurück wird dabei relativ schnell ausgeführt. Durch die während der gesamten Übung angehobenen Beine, gibt es eine sehr gute permanente Spannung im Bauchmuskelbereich.

Die leichte Drehung erhöht zudem die Beweglichkeit der Wirbelsäule. Dabei höre ich auch manchmal das Einrasten der Wirbelknochen.

Die Bewegung rechts-links-rechts wiederhole ich mehrere Male. Ein guter Mittelwert beträgt um die 20 Wiederholungen. Danach senke ich die Füße auf den Rasen ab und lege eine Pause von 30 bis 60 Sekunden ein, wie bei der vorherigen Übung. Dann hebe ich die Füße wieder an und führe die Übung mit weniger Wiederholungen als beim ersten Mal durch.

Nach einer weiteren kleinen Pause absolviere ich die wirkungsvolle Aktivität ein drittes Mal, jetzt erneut mit 10 bis 20% weniger an Wiederholungen.

Auch hier gilt es, die Anzahl der Wiederholungen und die Steigerung auf die persönlichen Verhältnisse einzustellen. Ebenfalls empfehle ich, im Laufe der Zeit wieder eine gute Höchstzahl zu installieren.

In der Fitness-Studio-Sprache und der Trainingslehre bezeichnet man eine Übungsdurchführung mit entsprechenden Wiederholungen als "Satz". Ich habe somit bei den beiden bisher absolvierten Übungen jeweils drei Sätze ausgeführt. Die Anzahl der sogenannten Sätze sollte sich zwischen zwei und fünf bewegen. Ein Satz ist in der Regel zu wenig und zeigt kaum Wirkung.

Damit sind meine beiden Übungen zur Stärkung der Bauch-muskulatur abgeschlossen.

Nun kommt der Teil zur Förderung der Rückenmuskulatur:

Das Prinzip ist einfach: Eine gestärkte Bauch- und Rücken-muskulatur verbessert nicht nur die Körperhaltung, sondern trägt erheblich zur Entlastung der Wirbelsäule bei. Zudem bildet sich durch die aufgebaute Muskulatur eine Art Schutzmantel.

Für die Übung lege ich mich ausgestreckt auf den Bauch. Anschließend führe ich meine Hände hinter dem Hinterkopf zusammen, sodass sich damit wieder eine Art Schale am Hinterkopf formt. Nun hebe ich den Oberkörper so weit wie möglich vom Boden ab. Das geschieht durch die Anspannung der Rückenmuskulatur. Danach senke ich den Oberkörper wieder ab, ohne jedoch mit dem Gesicht den Boden zu berühren, das heißt, ich lasse die Anspannung der Rückenmuskulatur während der gesamten Übung bestehen. Kurz vor einer Berührung des Bodens hebe ich den Oberkörper erneut an. Das praktiziere ich einige Male. Hier kann man durchaus 30 bis 40 Wiederholungen machen. Auch konzentriere ich mich bewusst auf eine gute Anspannung im Lendenwirbelbereich.

Dann lege ich mich seitlich auf das Gesicht, nehme die Hände vom Kopf und entspanne 30 bis 60 Sekunden. Anschließend führe ich die Übung noch zweimal durch.

Selbstverständlich lege ich auch vor der dritten Übungsaktivität, sprich Satz, eine Pause ein. Beim zweiten Mal verringere ich die Anzahl der Wiederholungen, ebenso beim dritten Mal.

Nun erhebe ich meinen Oberkörper und nehme eine Position aufgestützt auf Hände und Knie ein, vergleichbar eines Hundes im stehenden Zustand. Dabei lasse ich den Rücken in guter gerader Haltung parallel zum Boden. Anschließend strecke ich den linken Arm gerade aus und soweit wie möglich nach vorne, wobei ich den Oberkörper in der gleichen Position belasse. Gleichzeitig strecke ich das rechte Bein nach hinten, ebenfalls parallel zum Boden. Dabei baue ich eine Spannung in der Rückenmuskulatur auf.

Mit größtmöglicher Kraft strecke ich einerseits die Hand nach vorne und das Bein entgegengesetzt nach hinten. Das stärkt die Rückenmuskulatur und führt zu einer sehr guten Streckung der Wirbelsäule.

Bei den ersten Versuchen bedarf es einer gewissen Übung, die Stabilisierung des Gleichgewichts zu erreichen. Doch das spielt sich mit zunehmender Praxis schnell ein. Danach wechsle ich vom linken auf den rechten Arm und vom rechten auf das linke Bein und führe die Anspannung erneut durch. Das wiederhole ich zwei- bis dreimal. Danach erhebe ich mich und spanne ein wenig aus.

Den bisher absolvierten Bereich lasse ich praktisch unverändert. Allein das Aufrichten bei der ersten Bauchmuskelübung verändere ich manchmal durch eine leichte Seitwärtsbewegung, um auch die seitlichen Bauchmuskeln besser zu erfassen.

Damit komme ich schon zu meiner letzten Übungseinheit: Liegestützen.

Es ist wichtig, eine gerade Position einzunehmen, ohne das Gesäß zu weit nach oben zu strecken, oder durchhängen zu lassen. Die Füße sind dicht beisammen und können sich auch berühren. Die Beine und der Oberkörper bleiben gestreckt. Der Kopf soll nicht nach oben gezogen werden, um die Nackenmuskulatur nicht zu verkrampfen. So ist es am besten, den Kopf mit geradem Blick auf den Boden auszurichten.

Die Arme sind durchgestreckt und die Handflächen ein wenig über die Schulterbreite hinausgehend auf den Boden abgestützt.

Nach der Stabilisierung dieser Körperposition bewege ich meinen gesamten Körper mit mittlerer Geschwindigkeit durch das Einknicken des Ellbogengelenkes nach unten, bis die Nase fast den Boden berührt. Anschließend drücke ich mich durch das Durchstrecken der Arme wieder nach oben in die Ausgangsposition. Die gesamte Körperhaltung bleibt dabei gestreckt und unverändert.

Fast allen ist diese Übung schon einmal im Sportunterricht der Schule begegnet. Die Übung ist für den hinteren Oberarmmuskel und den Schulter- und Brustbereich sehr wirksam. Doch wird auch, speziell durch die vorangegangenen Übungen, der Muskelapparat von Bauch und Rücken aktiviert. Das ist ja unser Hauptanliegen!

Keep it simple! – ist auch hier das Motto, da die Übung praktisch mit jeder Kleidung und fast überall durchführbar ist.

Wichtig ist ein ruhiges konstantes Ausführen der Übung im gut gestreckten Zustand.

Das stabilisiert sich durch zunehmende Übungspraxis. Ich führe beim ersten Mal so viele Liegestützen durch, wie ich unter der Beibehaltung einer guten technischen Ausführung schaffe. Doch nach einer gewissen Zeit und Praxis, die eine realistische Einschätzung unseres Potentials für diese Übung zulässt, sollte man wieder eine feste Anzahl installieren. Nach einer Weile kann man das auch wieder neu definieren, nach unten oder oben.

Nach dem ersten Satz mache ich eine längere Pause als bei den vorhergehenden Übungen für die Bauch- und Rückenmuskulatur. Diese beträgt etwa zwei bis vier Minuten.

Beim zweiten Mal führe ich wieder 10 bis 20% weniger an Wiederholungen durch.

Beim dritten Satz sind es erneut weniger Liegestützen. Das pendelt sich bei jedem unterschiedlich ein, je nach Praxis, Kraft, eigenem Körpergewicht und momentaner körperlicher Verfassung. Zur Erleichterung, der doch anstrengenden Übung, kann man die Kniegelenke auf dem Boden abgestützt lassen, um damit die Belastung zu reduzieren. Ansonsten wird die Übung ebenfalls mit einer guten, geraden Streckung im Oberkörper ausgeführt.

Zum Abschluss dehne ich mich, wie zu Beginn des kleinen Übungsprogramms.

Damit ist das relativ kurze Training beendet. Dabei handelt es sich nicht um lange, schweißtreibende Übungen, sodass eine Ausführung in normaler Freizeitkleidung problemlos möglich ist. Auch benötigt man deshalb nicht sofort eine Dusche, oder Waschgelegenheiten. Diese können allerdings erforderlich sein, wenn man die Übungen bei Hitze, hoher Luftfeuchtigkeit, oder auch bei direkter Sonnenstrahlung ausführt.

Zudem hat natürlich jeder seine eigenen Bedingungen unter denen er schwitzt. So kann man festhalten, dass das Übungsprogramm unter normalen klimatischen Bedingungen wenig schweißtreibend ist, und deshalb eine sehr kurze Vorbereitungs- und Nachbereitungszeit hat – keep it simple! Zudem wird es sicherlich meist in geschlossenen Räumen, sprich zu Hause, durchgeführt.

Bei den Ausdauersportarten, abgesehen vom Spazierengehen, bzw. Marschieren, empfiehlt sich dagegen die richtige Kleidung.

Nach zwei oder drei Tagen wiederhole ich das Training. Zur Zeit habe ich mich dabei auf die Tage Sonntag und Donnerstag eingeschossen. Das kann variieren. Allerdings hilft eine Routine, das Training nicht auszulassen, oder, gerade am Anfang, nicht zu vergessen.

Während ich diese Zeilen schreibe, bin ich nun im Norden Argentiniens angekommen, nahe den Grenzen zu Brasilien und Paraguay. Auch hier sind die Übungen mein ständiger Begleiter. Ich habe eine schmale Isoliermatte zur Verfügung, die ich im Haus als dämpfende Unterlage für den ersten Teil meines Trainings nutze. Sie ist nicht unbedingt erforderlich. Doch wenn man solche Hilfsmittel zur Verfügung hat, sollte man sie auch nutzen.

Ergänzend zu dem beschriebenen Basisprogramm zur Heilung und Vorbeugung von Wirbelsäulen- und Bandscheibenproblemen kann man gelegentlich auch die sogenannten Klimmzüge durchführen. Sie sind eine sehr gute, kräftigende Übung für den Rücken, die Schultern und für die Armmuskulatur. Daran hat sich sicherlich auch schon fast jeder versucht, sei es in der Schule, im Sportverein, oder im Fitness-Studio.

Auf dem großzügigen Grundstück des Kinder- und Jugendheims auf dem ich auch meinen Sportunterricht für die öffentliche Schule durchführte, hatte ich mir zu Beginn meines Aufenthalts eine Klimmzugstange installiert. Ich fand auf dem Gelände ein gutes Eisenrohr, das mit ausreichender Länge und Stärke als Klimmzugstange geeignet war. Dann habe ich einen Platz gesucht, um die Stange in guter Höhe zu befestigen. Ein kleiner Baum eignete sich durch eine Astgabel als perfekte Stütze für die

Eisenstange. Und siehe da, ohne zu messen und ohne eine Wasserwaage zu nutzen, hatte ich die Eisenstange absolut gerade installiert. Erfreut begutachtete ich das gute Ergebnis dieser schnellen Aktion – keep it simple!

Schon war mein Übungsgerät ohne Kosten und mit relativ geringem Zeitaufwand entstanden. Selbstverständlich kann man für Klimmzüge auch stabile Wäschestangen oder Klettergerüste an verwaisten Kinderspielplätzen nutzen. Auch gibt es Stangen, die sich gut und mühelos zwischen Türpfosten befestigen lassen.

Die Klimmzug-Übung:

Ich hänge mich zur Ausführung dieser effizienten Übung ein wenig über die Schulterbreite hinausgehend mit den Händen an die Stange. Dabei zeigt die Öffnung meiner Hände von mir weg. Das verhindert einen zu starken Einsatz der Oberarme. Die Beine winkle ich im Kniebereich nach hinten ab und überkreuze die Füße. Das ergibt eine gute, stabile Ausgangslage und hilft, die Übung auch bei relativ niedriger Stangenhöhe, wie zwischen Türpfosten, durchführen zu können.

Nun ist es wichtig, die richtigen Muskelgruppen für ein sauberes Gelingen der Übung einzusetzen. Mein Hauptziel ist ja die Stärkung der Rückenmuskulatur, um eine schmerzfreie Wirbelsäule zu haben. So spanne ich die seitlichen Rückenmuskeln an, die den größten Kraftaufwand der Übung übernehmen sollen. Das erfordert die Konzentration auf die entsprechenden Muskelgruppen. Unterstützt werden sie von den Schulter- und zuletzt von den Oberarmmuskeln. Damit bewege ich nun den Körper nach oben, bis der gesamte Kopf über die Stange hinausblickt. Dann entlaste ich die Muskulatur und gleite relativ langsam in die Ausgangsposition zurück.

Viele machen den Fehler, dass sie die Kraft allein durch die Oberarme hervorrufen wollen. Das ist sehr schwierig, da diese Muskeln wesentlich kleiner als die Rückenmuskeln sind, und es verfehlt den Haupttrainingszweck. Es sei denn, man will bewusst die Oberarmmuskeln trainieren. Dann kann man die Hände innerhalb der Schulterbreite belassen und man wechselt die Position der Hände, sodass man die offene Seite der Hände sieht.

Doch mein Ziel, wie bereits angesprochen, ist die Stärkung der seitlichen Rückenmuskeln.

Nach dem Absenken des Körpers in die Ausgangsposition, wiederhole ich das Hochziehen des Körpers so oft wie es mir möglich ist. Hier macht sich ein längeres Aussetzen der Übung sofort bemerkbar. Bei den letzten drei bis vier Wiederholungen unterstütze ich die Aufwärtsbewegung durch etwas Schwungholen mit den Beinen, ohne jedoch den Boden zu berühren, und ohne die Fußposition zu verändern.

Danach lege ich eine Pause von drei bis fünf Minuten ein. Jetzt reicht es nur noch für eine um die 20 bis 30% verringerte Anzahl von Wiederholungen. Nach einer weiteren Pause führe ich den dritten und gleichzeitig letzten Satz durch. Erneut reduzieren sich die Wiederholungen durch den bisherigen Kräfteverbrauch.

Am nächsten Tag spürt man sicherlich einen sogenannten Muskelkater im seitlichen Rücken- und Schulterbereich. Diese spürbare Übersäuerung der Muskeln durch die hohe Kraftanstrengung vergeht bald wieder, speziell wenn man sie durch ein paar Dehn- und Lockerungsübungen leicht aktiviert. Das baut die Übersäuerung schneller ab.

Meine Beobachtungen in Fitness-Studios und im Schulunterricht zeigten mir, dass nicht alle einen sauberen Klimmzug ausführen können. Genauer gesagt: Es sind nur wenige.

So lasse Dich bitte nicht frustrieren, wenn Du diese Übung nicht durchführen kannst. Jeder hat seine Fähigkeiten, Stärken und Talente. Zudem hängt der Erfolg der Übung stark vom eigenen Körpergewicht ab, das man nach oben ziehen muss. Sollten Dir die Klimmzüge nicht liegen, dann belasse es einfach bei den Liegestützen, oder bei den vereinfachten Liegestützen durch das Abstützen auf den Knien.

Übungen unter der Verwendung des eigenen Körpergewichts bestechen durch hohe Wirksamkeit und durch eine geringe Vorbereitungszeit. Man spricht dabei von relativer Kraft, das heißt: Kraft im Verhältnis zum eigenen Körpergewicht.

Trainiert man dagegen mit Hanteln oder Trainingsmaschinen, geht es dabei um die absolute Kraft. So kann ein schwergewichtiger, kräftiger Mann eine Langhantel mit 100 Kilogramm Gewicht, auf der Hantelbank liegend, nach oben stemmen. Und es kann sein, dass er an der Klimmzugstange kläglich scheitert, weil er sein eigenes hohes Körpergewicht nicht nach oben ziehen kann. Er verfügt über eine hohe absolute Kraft, aber über weniger relative Kraft. Dagegen kann ein leichtgewichtiger Mann (oder Frau) einige Klimmzüge machen, scheitert aber bereits an der 35 Kilogramm-Langhantel, da die absolute Kraft durch ein fehlendes Muskelvolumen gering ist.

Das ist auch der Grund, warum ein paar Sportarten, wie Boxen und Gewichtheben, in unterschiedliche Gewichtsklassen eingeteilt sind.

Das Training mit dem eigenen Körpergewicht befreit uns von Fitness-Studios, Hantelbänken, komplizierten Fitnessgeräten und sonstigen Aufwendungen, die oftmals einiges an Zeit kosten, ortsgebunden und hin und wieder teuer sind. Zudem schafft das Training mit dem eigenen Körper ein gesundes und gutes Verhältnis zum eigenen Körpergewicht. Ja, es hilft uns, das Wohlfühlgewicht zu erreichen und zu halten!

Deine Nahrungsmittel seien deine Heilmittel.

Hippokrates (ca. 460 – 377 v. Chr.),

griechischer Arzt, "Vater der Heilkunde"

Ganzheitliche Gesundheit

5. Warum Diäten nicht funktionieren

Da pries ich die Freude; denn es gibt für den Menschen kein Glück unter der Sonne, es sei denn, er isst und trinkt und freut sich. Das soll ihn begleiten bei seiner Arbeit während der Lebenstage, die Gott ihm unter der Sonne geschenkt hat (AT, das Buch Kohelet von Salomo 8:15).

Man darf das Essen, bei aller Freude darüber, auch nicht überbewerten, oder es gar zu einer krankhaften Sucht werden lassen. Man soll gutes Essen genießen, doch auch dabei bescheiden und vernünftig bleiben. Oft ist ein einfaches, frisches Stück Brot mit Butter, oder mit einem guten Aufstrich, besser als ein überteuertes Phantasie-Essen in einem Gourmettempel. Die Erfahrung machte ich sehr häufig, als wir in den guten Zeiten der Investmentbranche viel Geld in den besten Restaurants ausgaben. Zu hohe Erwartungen wurden oftmals enttäuscht, und kleine Portionen ließen so manchen guten Esser hungrig in das Hotelzimmer zurückkehren.

Es kommt darauf an, das Richtige zur richtigen Zeit zu essen. Und dafür gibt es kein allgemein gültiges Rezept. Wir haben alle einen ganz individuellen Körper, den es trotz der Vielzahl der Menschen auf der Erde noch nie gegeben hat und auch nicht in selbiger Konstellation wieder geben wird. Das bedeutet: Trotz Menschenmassen sind wir kein Massenprodukt.

Das ist der Grund, warum allgemein gehaltenen Schlankheitskuren keinen dauerhaften Erfolg bringen.

Sie erzielen vielleicht kurzfristig einen gewissen Effekt, doch langfristig scheitern sie. Deshalb spricht man vom sogenannten

Jo-Jo-Effekt. So schnell, oder noch schneller, wie das Körpergewicht durch eine hoch gepriesene Diät nach unten gegangen ist, so geht es wieder nach oben. Unser individueller Körper braucht eine individuelle Ernährung, um dauerhaft ein echtes Wohlfühlgewicht zu haben. Dieses Gewicht lässt sich kaum mit irgendwelchen Formeln berechnen, wie das beim sogenannten Idealgewicht im Verhältnis zur Körpergröße erfolgt.

Die Berechnung ist sehr oberflächlich, da unser Körpergewicht von zahlreichen Faktoren abhängt: Körpergröße, Muskelmasse, Gesundheitszustand, der Knochenbau, Knochengewicht, Erbsubstanz, usw.

Das Wohlfühlgewicht muss auch nicht mit den Maßen der schlanken Schönheiten, die meist die Titelseiten der Hochglanzmagazine zieren, identisch sein. Jeder hat seine eigene Vorstellung von seinem optimalen Körpergewicht. Doch sollte es selbstverständlich nicht im extremen Übergewicht, oder im Bereich der Unterernährung liegen, da wir ja dauerhafte Gesundheit erzielen wollen. Diese ist in Extremen nicht erreichbar.

Zu hohes Gewicht belastet nun einmal die Gelenke, führt zu schnelllem Verschleiß bei den Bändern und wirkt sich u. a. negativ auf Herz und Kreislauf aus. Allerdings kommt es dabei auf ein paar Pfunde hin oder her nicht an.

Ich steige höchst selten auf eine Waage. Mein Wohlfühlgewicht spüre ich bei den Übungen. Ich sehe es im Spiegel. Und speziell beim Schließen meines Hosengürtels stelle ich fest, ob ich gewisse Veränderungen in der Ernährung durchführen muss oder nicht. Ich verwende immer die selbe Stelle, in die die Gürtelschließe einrastet. Sollte die Erweiterung um ein Loch erforderlich sein, ist das ein Zeichen zu handeln.

Man sollte sich dabei allerdings nicht selbst betrügen und den Gürtel mit aller Kraft zuziehen. So hat jeder sicherlich seine persönliche Methode, um sein Wohlfühlgewicht festzustellen und zu überprüfen.

Was tun, wenn das Wohlfühlgewicht überschritten wird? Das Beste ist, zunächst eine Analyse der letzten Essenstage, oder auch Wochen, durchzuführen. Kommt es zu einer Häufung bei gewissen Speise- und/oder Getränkeprodukten? Oder gab es gar gravierende Veränderungen bei den Ernährungsgewohnheiten?

Bei einem Tagungsessen mit Arbeitskollegen wurde mir das Problem der Anhäufung bewusst. Der geschätzte Kollege, der mir gegenüber saß, sagte zu Beginn des Essens, dass er gerade eine Diät machen würde. Er könnte somit das schöne Buffet nicht in vollen Zügen genießen. Doch im Verlauf des Mittagessens konnte ich bei ihm nicht gerade große Bescheidenheit feststellen. Als er auch noch eine üppige Nachspeise an seinen Platz brachte, rutsche mir die Frage heraus, ob seine Diät sogar den Nachtisch zulassen würde. Schlagfertig antwortete er, dass er normalerweise zwei Nachspeisen essen würde. Doch jetzt, in Anbetracht der Diät, darf es nur ein Dessert sein.

Ja, die Anhäufung von Speisen und auch Getränken ist selbstverständlich eine Hauptursache für die Gewichtszunahme. Das kenne ich bei mir vor allem durch den Kaffeegenuss in Begleitung von Keksen.

Gerade an schwierigen Tagen belohnt man sich gerne mit seinen bevorzugten Speisen und Getränken. Da hat der Verstand schnell ein paar sehr gute Argumente bereit, diese Tröster zu rechtfertigen.

So saß ich vor kurzem noch in dem Landhaus, in welchem ich während meiner Tätigkeit für ein Kinderheim gemeinsam mit einem Pastoren-Ehepaar wohnte. Es war richtig kalt um 6 Uhr morgens beim Frühstück mit mir alleine. Eine Heizung gab es nicht. „Ja, du brauchst jetzt sofort einen zweiten Kaffee und eine Extraportion Kekse, um dich aufzuwärmen!", riefen Herz und Verstand mir lautstark zu. Den zweiten Kaffee und weitere Kekse, oder Gebäck, nahm ich normalerweise erst nach 10 Uhr zu mir. Mit einem weiteren Kaffee am Nachmittag blieb es dann gewöhnlich bei drei Tassen pro Tag. Doch nun überzeugte mich vor allem mein Verstand, dass ich das nicht so eng sehen sollte. Eifrig bereitete ich sofort einen zweiten Kaffee zu und ich erfreute mich sogleich an der wärmenden Tasse in meinen kalten Händen. Die heiße, wohltuende Flüssigkeit tat ihr übriges, um mich in meiner guten Entscheidung zu bestätigen. Auf den Nach-10-Uhr-Kaffee verzichtete ich natürlich nicht und schon erhöhten sich die Kalorien: Weniger durch den zuckerlosen Kaffee, als durch die zuckerreichen Kekse.

An kalten Tagen braucht der Körper tatsächlich mehr Kalorien, um die Körpertemperatur zu halten. Das ist mit einer Heizung vergleichbar, die an kalten Wintertagen auch erheblich mehr an Energie benötigt. Doch schnell bleibt man auf dem erhöhten Niveau – das ist das Problem! So ergibt sich eine stetige Gewichtserhöhung und man muss rechtzeitig Einhalt gebieten.

Zudem häuften sich in dem Landhaus gerade die Grillfeste durch Geburtstagsfeiern und andere Anlässe, die sich immer leicht finden lassen. Mein göttlicher Berater ließ mich daran nur höchst selten teilnehmen. Stattdessen forderte er mich auf, eine Wanderung in Angriff zu nehmen. Das tat gut! Und rechtzeitig zum Tortennachtisch kehrte ich meist zurück. Diesen genoss ich dann nach ausreichender Bewegung unbeschwert, während die anderen, bereits vollgegessen durch Fleisch, Kartoffeln und Nudeln, mit Mühe die Tortenstücke in sich hineinzwängten.

Ja, der Weg der Gesundheit ist ein Weg der Disziplin. Die Masse beschreitet den Weg der Unvernunft, darum befindet sich in Argentinien und in vielen anderen Ländern an jeder Kreuzung eine Apotheke, bzw. ein Drogeriemarkt.

Das bedeutet nicht, dass man auf alle Feierlichkeiten verzichten sollte. Doch muss man auch nicht auf allen Festen dabei sein. So ließ sich bei den Inhabern des Kinderheims, dem Pastoren-Ehepaar, bereits nach ein paar Wochen erkennen, dass solche gehäuften Essgelage eine sichtbare Gewichtszunahme zur Folge haben. Und ist erst einmal der Widerstand der Vernunft und der Disziplin gebrochen, so kann das zu beachtlichen Steigerungen führen, die dann äußerst schwer wieder einzudämmen sind. Darum: Besser durch Klugheit und Maßhalten vorbeugen, als durch Leid und Schmerz zu heilen, bzw. abnehmen zu müssen.

Neben der genauen Beobachtung unserer eventuell vorhandenen Anhäufungsgewohnheiten, ist es wichtig, zu beobachten, welche Speisen und Getränke eine Gewichtszunahme bewirken:

Ich war für einige Tage an einem Busbahnhof in Brasilien festgefahren, im wahrsten Sinne des Wortes, während ich diese Zeilen schrieb. Dort, in einem kleinen Grenzort zu Argentinien, saß ich eine gute Woche ohne jegliche Geldmittel in einem Busterminal. Die winterlichen Nächte waren selbst in dieser Grenzregion hin und wieder ziemlich kalt, doch nicht annähernd mit den klimatischen Bedingungen in Deutschland vergleichbar.

Der Frost ist dort eine seltene Ausnahme und Schneefall habe ich sieben Jahre lang nicht erlebt. Eine Heizung kennt man hier nicht, schon gar nicht in öffentlichen Gebäuden. So fror ich nachts im meist vereinsamten Wartesaal des Busbahnhofs. Tagsüber war es dagegen mit Temperaturen von hin und wieder bis zu 20 Grad Celsius angenehm warm.

Ja, wie konnte das sein, dass ich hier ohne Geldmittel gefangen war? Das hatte, wie meist in unserem Leben, eine geistliche Ursache. Eines der Grundprinzipien unseres Lebens ist der direkte Zusammenhang von Saat und Ernte. Unsere schlechte Saat in Form von Exzessen, Ausschweifungen, Gier, Unmoral, usw. bringen eine schlechte Ernte mit sich.

Meine Vergehen, bevor ich den Glauben zu Gott vor über 13 Jahren in Panamá fand, lagen im Finanzbereich. So strafte mich Gott über einige Zeit hinweg mit einer sehr angespannten Finanzsituation, nach dem Motto: Zum Leben zu wenig, zum Sterben zuviel. Dabei fehlten mir weder Nahrungs- noch Kleidungsmittel. Doch war ich ständig auf Hilfe angewiesen, die unser Schöpfer durch verschiedene Personen und Wunder be-reitstellte.

So hatte er im kleinen, doch sicheren Busbahnhof, verschiedene Personen als Helfer auserwählt, ohne dass ich mich darum bemüht hatte. Der Inhaber des dortigen Restaurant gab mir am Abend Kaffee und frittierte Teigtaschen und der Inhaber der Ticketagenturen ermöglichte mir durch fast tägliche Geldgaben, Nahrungsmittel zu kaufen. Dabei beschränkte ich mich über-wiegend auf die dort sehr frischen und gut schmeckenden Bananen und andere Früchte. Tagsüber marschierte ich einige Wege, um in den örtlichen Unternehmen eine Arbeitsstelle zu finden. Nachts schlief ich, meist frierend, im Sitzen ein wenig. Dennoch verlor ich kein Gewicht. Das wunderte mich sehr!

Die Antwort lag in den frittierten Teigtaschen mit verschiedenen Füllungen, die wohl in mir eine überdimensionale Kalorien-vermehrung bewirkten. Zudem sind frittierte Speisen generell keine Schlankmacher. Als ich das erkannt hatte, verzichtete ich auf diese brasilianische Spezialität, die meist zum Frühstück gegessen wird. Stattdessen aß ich Schokolade zum Kaffee. Diese, wie ich aus jahrelanger Erfahrung weiß, wirkt sich kaum auf mein Gewicht aus. Dagegen esse oder trinke ich Joghurt nur, wenn ich sonst fast keine Nahrung zu mir nehme, da dieser ebenfalls unverhältnismäßig hoch auf mein Körpergewicht durchschlägt. So hat jeder seine speziellen Nahrungsmittel, die verstärkt zu einer Gewichtszunahme führen, und andere, die sich kaum auswirken. Deshalb ist es wichtig, dass wir unser Essverhalten und die daraus resultierenden Auswirkungen aufmerksam beobachten und nicht nur registrieren, ob etwas gut schmeckt oder nicht.

Vieles schmeckt sehr gut und fast alle Produkte sind daher leicht zu ersetzen. Jedes Nahrungsmittel hat selbsverständlich einen festen theoretischen Kalorienwert. Doch wirkt sich jede Nahrung unterschiedlich auf unser Verdauungssystem aus. Somit kann eine kalorienreiche Nahrung, wie z.B. Schokolade, einen sehr positiven Effekt auf die Verdauungstätigkeit unseres Körpers haben. Ein anderes Nahrungsprodukt dagegen bremst die Verdauung und führt damit indirekt, trotz weniger Kalorien, zu einer auf Dauer erheblichen Gewichtszunahme.

Darin liegt einer der Hauptschlüssel, warum allgemein gehaltene Schlankheitskuren nicht funktionieren.

Das Weglassen der frittierten Teigtaschen, bzw. das Ersetzen durch andere Nahrungsmittel, wirkte sich sofort positiv bei mir aus. So erging es mir auch mit dem großen, fast unantastbaren Kapitel des Alkohols.

Nie hätte ich mir vorstellen können, auf diesen kurze Zeit anhaltenden, trügerischen Glücksbringer fast vollständig zu verzichten. Über zehn Jahre lang habe ich keine alkoholischen

Getränke zu mir genommen. Seit ein paar Wochen trinke ich beim wöchentlichen Sabbat-Fest ein Glas Wein.

Verpackt in viele schöne und oftmals sehr gut schmeckende Getränke wurde der Alkohol von meiner Jugendzeit an zu einem wichtigen Begleiter. Nach sportlichen Aktivitäten gab es häufig Grund den Durst mit ein paar frischen Weißbieren zu löschen. Hinzu kamen die üblichen Trinkgelegenheiten, wie Karneval, Grillfeste, Geburtstagsfeiern, usw. Die Welt sucht und findet immer einen Anlass zum Feiern. Und die Werbefirmen lassen nichts aus, um ein ständiges Loblied auf alkoholische Getränke zu singen.

Meine Bundeswehrzeit sorgte dagegen, Dank disziplinierter Kampfgenossen, für eine nahezu abstinente Lebensphase von zwei Jahren. Das änderte sich dann wieder im fortschreitenden Berufsleben. Firmenfeierlichkeiten, ausschweifende Tagungen und gemeinsames Beisammensein mit Freunden sorgten für den machtvollen Wiedereintritt des Alkohols in mein Leben. Nun allerdings meist verpackt in schönen Rotweingläsern und Champagnerkelchen. Edel geht die Welt zugrunde, wie es so schön heißt, und oftmals wird es leider auch Wirklichkeit.

So träumte ich im gleich gesinnten Freundeskreis vom schönen Landhaus in der Toscana, um mich frühzeitig auf einen wohl-schmeckenden Lebensabend in der bekannten italienischen Weinregion vorzubereiten. Doch auch bereits zuhause traf ich dafür entsprechende Maßnahmen:

Ein Bekannter lud mich zu einer sehr großen Weinmesse in München ein. Zur Schaffung einer festen Grundlage trafen wir uns in einem dafür sehr gut geeigneten Restaurant in der Innenstadt. Anschließend fuhren wir mit öffentlichen Verkehrs-mitteln zu dem für mich neuartigen Ereignis. Dagegen hatte mein Bekannter damit einige Erfahrung, und war deshalb mit einer sinnvollen Strategie gut vorbereitet. Diese führte uns über leichtere Weißweine und verschiedene Champagnersorten zu den schwereren Rotweinen, die wir reichlich probierten und bestellten. Letzteres war selbstverständlich nur im Karton mit mindestens sechs Flaschen möglich.

Schwer angeschlagen kam ich nach Hause und die Kopf- schmerzen am nächsten Morgen bezeugten, dass die Strategie im fehlenden Aufhörpunkt ihre Schwäche hatte.

Nun trafen in den kommenden Tagen und Wochen die flüssigen Köstlichkeiten aus verschiedenen Ländern ein. Mein Weinkeller füllte sich und am Abend gönnte ich mir aus großvolumigen Rotweinkelchen gerne einen Schluck, ganz nach dem bekannten Schunkellied: Trink, trink, Brüderlein trink, lass doch die Sorgen zu Haus... . Ja, die Sorgen wurden für kurze Zeit vergessen. Das ist wohl der Hauptgrund für die verführerischen alkoholischen Getränke. Doch am nächsten Morgen traten die Sorgen mit Wucht wieder auf.

Und einige dieser genussreichen Getränke haben auch noch zahlreiche Kalorien. Die merkte ich in der damaligen Zeit allerdings nicht, da ein reichhaltiges Sportprogramm für ent- sprechenden Kalorienbedarf sorgte. Doch Begriffe, wie Bier- bauch und Säuferleber, zeigen, dass der regelmäßige und oftmals ausschweifende Alkoholgenuss beträchtliche negative Auswirkungen auf Gesundheit und Körpergewicht hat.

Es gibt genügend sehr gut schmeckende alkoholfreie Getränke, um die hinterhältigen Glücksbringer zu ersetzen. So lebe ich zur Zeit im Land des größten Kaffeeproduzenten der Welt, Brasilien. Dort genieße ich den hervorragenden Kaffee.

Auf jeden Fall ist es wichtig, für ein dauerhaft gesundes Leben, den Alkoholgenuss einzuschränken, oder ganz auf alkoholische Getränke zu verzichten. Ein Ratschlag, den die Getränkeindustrie natürlich nicht gerne hört.

Ein anderes wichtiges Thema ist das Fasten. Es wird auch in verschiedenen religiösen Schriften behandelt. Dabei geht es in erster Linie darum, durch Nahrungsverzicht geistliche Aktivitäten zu verstärken. Lassen wir das Essen und Trinken weg, oder reduzieren es auf ein Minimum, so kann verstärkt geistliche und auch geistige Nahrung aufgenommen werden. Denn wie heißt es so schön: Ein voller Bauch studiert nicht gern!

Das Essen bewirkt ein gewisses Völlegefühl und aktiviert einen Verdauungsprozess, der seine Energie beansprucht. Das behindert andere Aktivitäten, wie man auch aus dem Sportbereich sehr gut weiß. Beim Laufen, Schwimmen und sonstigen sportlichen Betätigungen erzielen wir direkt nach einer Mahlzeit nicht gerade Bestleistungen.

Einerseits hilft uns also eine reduzierte Nahrungsaufnahme bei der geistlichen und geistigen Arbeit, und andererseits bereitet sie uns auch auf bessere sportliche Leistungen vor. Dabei spricht man allerdings noch nicht vom Fasten, sondern lediglich von sinnvollen Maßnahmen zur Leistungssteigerung.

Das geistliche Fasten hilft uns als Waffe gegen die Mächte der Finsternis. Wir nutzen die Zeit des Nahrungsverzichts, um durch Gebete und Lesung in der Torah, oder anderen spirituellen Schriften, verstärkt geistliche Unterstützung zu erhalten. Das hilft uns auch im Kampf gegen nicht erwünschte Pfunde.

Doch auch ohne geistliche Aktivitäten kann eine Fastenzeit zur schnellen Normalisierung unserer Essgewohnheiten führen. Am wirkungsvollsten ist es, wenn man bis zum Nachmittag oder

Abend, ein frühes Aufstehen vorausgesetzt, nichts isst und am besten auch nichts, oder nur wenig trinkt. Nach dieser kleinen Fastenzeit nimmt man dann eine leichte Mahlzeit zu sich. Normalerweise stellt man dann fest, dass man bereits durch eine geringe Nahrungsmenge schnell gesättigt ist. Unser Magen gibt sich nach der Zeit der Enthaltsamkeit bereits mit einer geringen Nahrungsmenge zufrieden.

Dafür wählt man am besten einen Tag in der Woche, oder im Monat aus, oder man wählt einen anderen persönlichen Zeitrythmus, der gut zu bewältigen ist.

Selbstverständlich sollen die Zeiten nicht zuweit auseinander liegen. Das gewährleistet eine dauerhafte und effektive Regulierung unseres Körpergewichts und wir können in Verbindung mit geistlichen und mentalen Aktivitäten eine wesentlich höhere Lebensqualität erreichen – nicht nur leben, sondern gut leben. Darum geht es in erster Linie!

Koscher essen und trinken

Auf diesen Ernährungsbereich gehe ich kurz ein, da er auch immer mehr von Nicht-Juden angenommen und praktiziert wird. So sind es allein in den USA über 10 Millionen Menschen, die keine Juden sind und trotzdem deren Ernährungsvorschriften als sinnvoll und gut erachten.

Geht man auf den Ursprung der Menschen zurück, wird man feststellen, dass diese sich bis zur Zeit der Sintflut (Noah) ausschließlich vegetarisch ernährt haben. Auch wenn man nicht an den Schöpfungsbericht der Torah und des Alten Testaments glaubt, kann man durchaus Verständnis für eine rein pflanzliche Ernährungsweise aufbringen.

Ich war nie Vegetarier, doch kann ich eine fleischlose Ernährung über längere Zeiträume sehr gut ertragen, ohne dabei eine verringerte Lebensqualität festzustellen. Ich bereite keinerlei Fleischgerichte zu. Doch wenn es bei Essenseinladungen Fleisch gibt, ist es für mich eine willkommene Abwechslung. Allerdings bemühe ich mich, im Hinblick auf die koschere Ernährung des "altbewährten Weges", auf Schweinefleisch und andere nicht erlaubte Speisen zu verzichten.

Was versteht man unter einer koscheren Ernährung?

Es geht dabei um die Einhaltung jüdischer Speisegesetze, die ihren Ursprung in der Torah finden, und damit auch im Alten Testament enthalten sind.

Mir gefällt bei der jüdischen Schrift "Torah", auch als jüdische Bibel bezeichnet, die Übersetzung "Lebensbotschaft" am besten. Denn der Schöpfer unseres Lebens, das sicherlich kein Zufalls- oder Evolutionsprodukt ist, weiß am besten, wie ein gesundes und sinnvolles Leben geführt werden kann. Ein wichtiger Aspekt dabei ist zweifelsohne die richtige Ernährung; einerseits aus rein körperlicher Sicht, und andererseits auch aus spiritueller Sicht.

Im Wesentlichen geht es um die Trennung von erlaubten und nicht erlaubten Tieren, Fischen und Vögeln. Zudem ist der Blutgenuss aus Sicht des Schöpfers strengstens verboten, denn er weißt uns daraufhin, dass sich im Blut das Leben befindet. Auch ist eine strenge Trennung von Milch- und Fleischprodukten zu beachten, sowie die Einhaltung von Vorschriften im Herstellungs- und Zubereitungsprozess. Für die Juden sind die Gesetze und Vorschriften eine wichtige Grundlage in der Beziehung zu Hashem, alleiniger Gott und Schöpfer des Universums.

Nicht-Juden, die sich entschieden haben, den Glauben des "altbewährten Weges" mit der Grundlage der Torah und weiteren jüdischen Schriften anzunehmen, werden sich bemühen, zumindest einen Großteil der Regeln einzuhalten. Andere tun es, weil sie damit den Schlüssel für eine gesunde und bessere Ernährung gefunden haben.

Die Trennung von erlaubten und unerlaubten Speisen zielt auch auf die Erreichung einer gewissen Disziplin bei der Nahrungsaufnahme hin. Man lernt dadurch, dass das Trinken und Essen nicht der alleinige Lebenszweck ist.

Zu den erlaubten Tieren gehören alle mit zweigespaltenen Hufen, die auch Wiederkäuer sind, z. B.: Rind, Schaf und Ziege. Dagegen gehören u. a. das Schwein, Pferd, Hase, Katze und das Kamel zu den verbotenen Tieren.

Das Schwein hat zwar zweigespaltene Hufe, ist aber kein Wiederkäuer. Zudem wird es als Allesfresser von einigen als sehr unreines Tier angesehen.

Bei den im Wasser lebenden Tieren gehören zur erlaubten Nahrung alle Fische, die Flossen und Schuppen haben, z. B.: Forelle und Lachs. Fische, wie Aal, Hai, Delphin und Wels, gehören damit zu den unerlaubten Speisen. Hummer, Langusten und Muscheln sind neben anderen Wasserbewohnern keine Fische und werden als nicht-koscher eingestuft. Außerdem werden sie von manchen als "Staubsauger" der Meeresböden angesehen, d. h. sie nehmen reichlich Schmutz und vergiftet Nahrung auf. Darüber muss sich jeder selbst ein Urteil bilden.

Raubvögel gehören zur verbotenen Nahrung: Adler, Bussard, Falke und andere. Dagegen sind Hühner, Gänse und Truthahn auf dem Speiseplan der koscheren Küche. Ausgenommen sind die Straußenvögel, sowie sämtliche Kriechtiere, Insekten und Reptilien.

Der Herstellungsprozess der koscheren (reinen, geeigneten) Produkte unterliegt speziellen Vorschriften, die in der Regel zu einer höheren Hygiene führen. Die Produkte erhalten eine Zertifizierung, die durch einen Stempel auf der jeweiligen Ware ersichtlich ist. Auch Wein wird als koscher eingestuft. Dabei muss der gesamte Herstellungsprozess von einem dafür beauftragten Rabbiner überwacht werden. Eine entsprechende Zertifizierung bescheinigt dann den Wein als koscher. Das gilt auch für Traubensäfte, da der Weintraube eine spezielle spirituelle Bedeutung zukommt.

Zusammenfassend lässt sich feststellen, dass es sich lohnt, sich mit dem Thema der koscheren Ernährung auseinanderzusetzen. Denn sicher hat es einen tieferen Sinn, dass der Schöpfer unseres Lebens entsprechende Weisungen diesbezüglich erteilt hat. Wie weit man jedoch alle Einzelheiten der zahlreichen Vorschriften einhalten kann und will, obliegt einer persönlichen Einschätzung. Auf jeden Fall brauchen wir für ein erfülltes und gesundes Leben eine gute und verträgliche Nahrung und eine saubere Zubereitung.

Krankheiten befallen uns nicht aus heiterem Himmel, sondern entwickeln sich aus täglichen Sünden wider die Natur. Wenn sich diese gehäuft haben, brechen sie unversehens hervor.

(erneut) Hippokrates

Ganzheitliche Gesundheit

6. Gesundheitsrisiken

Einerseits versuchen wir durch sportliche Aktivitäten und eine ausgewogene, gute Ernährung einen gesunden Körper zu erzielen, und andererseits wirken wir diesen Bestrebungen durch Rauchen, Alkoholgenuss und anderen schlechten Angewohnheiten entgegen. Ja, das menschliche Verhalten ist nicht leicht zu verstehen.

In Mendoza bin ich auf meinem Weg in den großzügigen Park "San Martin" oft an der medizinischen Universität vorbeigekommen. Dabei fielen mir die rauchenden Studentinnen und Studenten im Eingangsbereich des Gebäudes besonders auf. Ich fragte mich: „Wie kann man Gesundheit studieren und gleichzeitig Krankheit praktizieren?" Man sollte davon ausgehen, dass Medizinstudenten über eine gute Intelligenz verfügen, um den Studiengang erreicht zu haben, und um ihn erfolgreich bewältigen zu können. Warum reicht dann diese Intelligenz nicht aus, ein gesundheitsbewusstes Verhalten zu praktizieren?

Das liegt daran, dass auch die, unter menschlichen Gesichtspunkten betrachtet, intelligenten Menschen nicht frei von Sucht und schlechten Angewohnheiten sind. Und es gibt Statisiken, die nachweisen, dass gerade Studenten und Studentinnen auf die Wissenschaft vertrauen, und deshalb während des Studiums ihrem Schöpfer den Rücken kehren, oder ihn zumindest stark vernachlässigen. Eigentlich ein Unsinn, da der Schöpfungsbericht der Torah nicht im Widerspruch zur Wissenschaft steht. Zahlreiche Wissenschaftler, wie Isaac Newton (1643 – 1727 n. Chr.), der die Lehre der Dreifaltigkeit Gottes ablehnte, erkannten die Wahrheit der Schöpfung durch den einzig lebenden Gott - der Ewige. Auch Albert Einstein gehörte zu ihnen.

Haben wir durch die Ehrfurcht vor unserem Schöpfer einmal verinnerlicht, dass unser irdischer, dem Altern und der Vergänglichkeit ausgesetzter Körper, nur von Gott für eine von ihm bestimmte Zeit zur Verfügung gestellt wird, so ändert das tiefgreifend unsere Körperbeziehung. Wir gehen vernünftiger mit unserem Körper um und versuchen alles, um Gesundheitsrisiken zu vermeiden.

Das bezieht sich auch auf den Konsum von Drogen, verbotene und legalisierte, wie Zigaretten und Alkohol. Letzterer ist nicht in allen Ländern rechtmäßig zu erwerben und zu konsumisieren.

Als ich in Dubai lebte, konnte ich allerdings gut beobachten, wie das für die islamischen Bürger geltende Alkoholverbot umgangen wurde und sicherlich noch umgangen wird: In westlicher Kleidung gönnten sich die Männer in den Bars der edlen Hotels und Restaurants, von denen es dort einige gibt, Bier, Champagner, Wein und sonstige alkoholische Getränke. Deshalb kommen zahlreiche Touristen aus den strengen moslemischen Ländern, wie dem Iran und Saudi Arabien, in das weltoffene Scheichtum von Dubai. Dort können sie sich, geschützt vor den autoritären und unnachgiebigen Religionswächtern, sinnlos betrinken.

Doch auch eine andere Gefahr konnte ich in Dubai sehr gut am eigenen Leib erkennen: Die Gefahr der Traurigkeit eines ausgeprägten und fragwürdigen Vergnügungs- und Konsumlebens.

Im Jahr 2000 wurde ich im Rahmen einer Finanzveranstaltung von meinem damaligen Arbeitgeber nach Dubai geschickt. In dieser Zeit bestand gerade einmal das bekannte Burj al Arab Hotel (arabischer Turm). Es Sorgte durch sein Segeldesign und damals als höchstes, sowie einzigstes 7 Sterne Hotel für große, weltweite Aufmerksamkeit. Alle anderen Projekte, wie z. B. die

Palmeninseln auf dem Meer, das größte Shopping Center des Mittleren Ostens mit angegliederter Schipiste inmitten der Hitze der Wüste, oder der höchste Wolkenkratzer der Welt, waren noch in der Bau- bzw. Planungsphase.

Während meines kurzen Wochenendaufenthaltes für diese Tagung sah ich, dass eine Freihandelszone in der Nähe des Tagungshotels fast fertiggestellt worden war. Die sogenannte Dubai Internet- und Media City weckte mein Interesse. Zudem faszinierte mich das sommerlich warme Märzklima, während es in Deutschland noch ziemlich kalt und ungemütlich war. So kehrte ich bereits im August für einen Urlaub mit meiner damaligen Ehefrau in das Scheichtum zurück. Nun sah ich mir die Freihandelszone genauer an. Die Rahmenbedingungen, vor allem die Steuerfreiheit, überzeugten mich. So gründete ich bereits im darauffolgendem Jahr eine Marketingfirma in der Dubai Internet- und Media City.

Doch, Gott sei Dank, gab ich meine Tätigkeit in Deutschland nicht auf. Dort führte ich in fruchtbarer Zusammenarbeit mit einem Steuerberater Seminare für Banken und für eine Buch-haltungsgesellschaft durch. So flog ich oft zwischen München und Dubai hin und her, manchmal nur für wenige Tage an einem Ort verweilend. Das wurde durch den Umstand erleichtert, dass meine damalige Ehefrau von ihrer Finanztätigkeit zu einer großen Fluggesellschaft gewechselt hatte. Ich verlegte meinen Wohnsitz nach Dubai und genoss den Blick vom 48. Stock meines Appartements, während ich an den Seminarunterlagen arbeitete. Bald darauf kaufte ich ein schönes Motorboot mit Wohnkabine und reichlich Motorkraft, um es auch zum Wasserschi fahren zu nutzen. Die erforderliche Mitgliedschaft im Yachtclub gab mir Zugang zum Strandbereich und den Sport-einrichtungen eines Luxushotels.

Ja, es schien an nichts zu fehlen! Neben dem Wasserschi fahren praktizierte ich vom Windsurfen, über Beach-Volleyball, bis zum Tennis spielen, zahlreiche Sportarten. Ich verkehrte mit Botschaftern und Unternehmern verschiedener Länder. Freunde aus Deutschland besuchten mich und bereicherten mein Leben. Alles schien meinen Traumvorstellungen zu entsprechen.

Doch als ich am Abend im wohnlichen Büro saß, eingebettet in Marmorluxus, überkam mich eine tiefgreifende, zunächst unerklärliche Traurigkeit. Oftmals kehrte ich gar nicht auf mein Boot zurück, das im nahegelegenen Yachtclub lag. Stattdessen nutzte ich das gute Schlafsofa meines Büros für die nächtliche Erholung.

Eines traurigen Abends, es war gegen 22 Uhr, spürte ich, auf dem Schlafsofa liegend, einen starken stechenden Schmerz im Brustbereich. Ich wälzte mich von einer Seite auf die andere, doch der Schmerz ließ nicht nach. Ich hatte das Telefon in der Nähe. Zudem befanden sich im schnell erreichbaren Eingangsbereich des Gebäudes die Sicherheitskräfte. Doch ich beschloss, nicht um Hilfe zu rufen, oder das Telefon zu nutzen. Ich fand mich damit ab, dass nun plötzlich, in meinem 40. Lebensjahr, der Tod an meine Türe klopfte. In Schmerzen gekrümmt, flog schnell ein kurzer Lebensrückblick an mir vorüber. Viel hatte ich gesehen und erlebt. In einem schnellen Gedanken bedauerte ich nur, dass ich Rio de Janeiro nicht besucht hatte - warum auch immer.

Doch nach ungefähr 10 bis 15 Minuten hörte der starke Schmerz so schnell auf, wie er gekommen war. Ich tat das Ganze als spirituelles Erlebnis ab und kümmerte mich nicht weiter darum. Jahre später, als ich mit meinem Vater in Deutschland sprach, erzählte er vom gleichen Schmerz im Brustbereich. Es wurde bei ihm ein Herzinfarkt diagnostiziert, der eine Beipassoperation erforderlich machte. Sein Vater wiederum war am Herzinfarkt gestorben. Das zeigt natürlich auch, dass wir gewissen Erbfolgen unterliegen, die wir nur durch eine intensive Verbindung mit unserem Schöpfer in Meditation und Gebet zerbrechen können.

Doch Jahre danach erlangte ich die Erkenntnis, dass neben der Erbneigung auch die Lebensumstände in Dubai für meine plötzlichen Schmerzen im Brustbereich ausschlaggebend waren. Das Leben in der schnell aus dem Boden gestampften Konsum- und Scheinwelt, zudem in der sehr schwer zugänglichen und schwierigen islamischen Kultur, hatte in mir eine große Traurigkeit bewirkt.

Tagsüber lenkten die sportlichen und geschäftlichen Aktivitäten mich davon ab. Doch in der Leere und Einsamkeit des Abends traf sie mich mit voller Wucht. Und es zeigte mir, das selbst ein relativ junger und gut trainierter Körper den Wogen starker Emotionen nicht standhalten kann. So ist es für eine dauerhafte Gesundheit wichtig, dass wir ein in allen Lebensbereichen ausgewogenes Leben führen, das uns einen wirklichen Lebenssinn gibt.

Dieser Lebenssinn fehlte mir damals, darum dachte ich auch nicht daran, Hilfe zu holen. Ich bin wirklich froh, dass die Traurigkeit und Sinnlosigkeit meines damaligen Lebens nicht das Ende meines irdischen Daseins markieren konnte. Nach außen hin war mein Leben beneidenswert, und niemand sah die Berge der Traurigkeit, die sich in meinem Herzen erhoben hatten.

So beneiden wir oftmals die Filmstars und die Reichen und Schönen der Welt, die die Titelseiten unserer Hochglanzmagazine zieren. Doch wir wissen nicht, wie es in ihren Herzen aussieht. Deshalb ist es nicht verwunderlich, dass einige von ihnen sich durch Drogen und Tabletten selbst zu Tode richten. Der große Erfolg hat oft einen sehr hohen Preis, hauptsächlich dann, wenn es kein geistliches Fundament, basierend auf der Wahrheit, gibt.

Bald nach diesen Erfahrungen tiefer Traurigkeit entstanden auch die Finanzstrategien, die mich schließlich ins Gefängnis beförderten. Doch, Gott sei Dank, bin ich in der engen Zelle aufgewacht und konnte ein neues Leben beginnen. Ein neues Leben, das ein ständiger Wachstumspfad im Geist, Verstand und im körperlichen Wohlbefinden ist. Dabei gilt es, wie bereits angesprochen, **Gesundheitsrisiken** zu vermeiden.

Dazu gehört auch die Schädigung unserer Haut, die u. a. durch zu lange, intensive Sonnenstrahlung hervorgerufen wird. Unsere empfindliche Körperhaut altert unter einem ständigen und hohen Einfluss der Sonnenstrahlen schneller, trocknet aus und wirft mehr Falten, als es durch den normalen Alterungsprozess bereits sowieso der Fall ist. Zudem erhöht der übertriebene Sonnengenuss erheblich das Risiko von Hautkrankheiten, wie den verstärkt auftretenden Hautkrebs.

Allerdings ist ein vernünftiger Umgang mit der Licht und Wärme spendenden Sonne ein sehr wichtiger Faktor für unser seelisches Wohlbefinden und für unsere Gesundheit. Denn ohne eine Sonnenbestrahlung wird in unserem Körper zu wenig Vitamin D produziert.

Ein Vitamin-D-Mangel führt häufig u. a. zu Stimmungsschwankungen, Immunschwäche und Müdigkeit. Das Vitamin D kann, im Gegensatz zu allen anderen Vitaminen, nur sehr schwer über die Nahrung aufgenommen werden. Die Bildung von Vitamin D erfolgt in erster Linie durch die Sonnenbestrahlung. Deshalb ist es empfehlenswert, zumindest eine halbe Stunde pro Tag im Sonnenlicht zu verbringen.

Allerdings spielt dabei auch der Einfallswinkel der Sonne eine Rolle. Ist dieser niedrig, wie in den Wintermonaten, oder am Morgen und Abend, so wird nur wenig, oder gar kein Vitamin D produziert. Positiv ist, dass unser Körper die Fähigkeit besitzt, Vitamin D für Mangelzeiten zu speichern.

Sonnencremes reduzieren nicht nur das Bräunen der Haut, sondern verhindern bereits bei niedrigen Schutzfaktoren die Produktion von Vitamin D. Zudem haben diese chemischen Schutzmittel mehr Nebenwirkungen als wir annehmen. Der beste Sonnenschutz erfolgt durch Kleidung, langsames Ge- wöhnen an die Sonnenbestrahlung und vernünftige Zeitperioden in der Sonne. Dabei kann durch Gesicht und Arme bereits reichlich Sonne für die Vitamin-D-Produktion aufgenommen werden. Dieses Vitamin ist auch für praktisch alle Zellaktivitäten wichtig.

Ein Vitamin-D-Bluttest kann Dir Aufschluss darüber geben, ob Du eventuell ein Vitamin D-Präparat benötigst, oder ob Du mehr in die Sonne gehen solltest. Glasscheiben filtern die UVB-Strahlung vollständig heraus. So kommt es dadurch weder zu einem Sonnenbrand noch zur Vitamin D-Herstellung.

Zudem erlernte ich im Land meiner spirituellen Neugeburt, in der Republik Panamá, das Vermeiden der dort äußerst inten- siven, ganzjährigen Sonnenstrahlung. Verzweifelt sucht man dort jeden kleinen Schatten, sowie man bei Regen sich seinen Weg unter schützenden Dächern und Bäumen sucht. Letztere gibt es allerdings kaum. Nur ein paar Palmen spenden ein wenig Schatten in der heißen Hauptstadt Panama-City.

Hier erkannte ich, dass die, materiell gesehen, ärmeren Leute die Sonne vermeiden. Stark gebräunte Haut ist dort ein Zeichen von Armut, hervorgerufen durch schlecht bezahlte, ganztägige Arbeit in freier Natur, wie auf harten Ackerböden, staubigen Baustellen, oder bei mühsamer ambulanter Verkaufsarbeit. Die Wohlhabenden dagegen befinden sich, geschützt vor der langen Sonnenstrahlung, in ihren schönen, klimatisierten Büros, Autos und Luxusappartements.

Ja, unser Körper ist von Gott geschaffen. Er bedarf deshalb guter Pflege und schützender Maßnahmen. Zudem erleichtert ein gesunder Körper das irdische Leben erheblich. Als ich im Untersuchungsgefängnis eine ausführliche Datenerfassung über mich ergehen lassen musste, wunderten sich die Beamten, dass ich keine Narben und Tätowierungen hatte. Dem Schutz Gottes bei einem Motorradunfall und bei anderen schwierigen, meist selbst verursachten Situationen, verdanke ich meine Narbenlosigkeit. Zudem gehörten körperliche Auseinandersetzungen, Gott sei Dank, nie zu meinem Lebensinhalt.

Und das mit dem Tätowieren ist mir nie in den Sinn gekommen und eigentlich verstehe ich es auch nicht. Wie kann man seine Haut dauerhaft mit einer oftmals kurzfristigen Idee, Meinung oder Modeerscheinung verunstalten? Haben wir nicht genug Papier zum Schreiben oder Malen? Früher war das Tätowieren in kriminellen Kreisen und bei Seefahrern üblich. Doch heute finden Leute sämtlicher Gesellschaftskreise keine bessere Möglichkeit ihre Meinung kundzutun, als dafür ihre kostbare Haut zu verwenden. Oftmals handelt es sich dabei um Symbole der Finsternis, wie Totenkopf, Schlange, Drachen, usw., die deutlich zeigen, was hinter der merkwürdigen Mode steht.

Dazu gehört das ebenfalls kaum zu verstehende Verzieren seines Körpers mit Metallstücken, Piercing genannt. Wie würde man sich aufregen, wenn nach einer Operation noch chirurgische Metallklammern oder Nägel zu sehen wären, und das auch noch im Gesicht?! Nicht auszudenken! Aber jetzt, als Modeerscheinung weit verbreitet, zahlt man noch Geld für Schmerzen bei der Verunstaltung.

Findet man die Verbindung zu seinem Schöpfer, dann wird man solche seltsamen Körperverzierungen unterlassen. In der Zeit von Mose waren das Zeichen von Sklaven, oder zeigten Bräuche des Toten- und Zauberkults. Gott, Hashem, hat daran keinen Gefallen. Doch was tun, wenn man nun schon einmal dauerhaft gekennzeichnet ist? Ganz einfach: Es bereuen und zukünftig auf solche Verzierungen verzichten.

Ein weiterer Faktor für unser Wohlbefinden ist der vernünftige Umgang mit Ventilatoren, Klimaanlagen und sonstiger Zugluft. Letzte Woche spürte ich in einem öffentlichen Gebäude sofort die Auswirkungen eines bei bereits kühleren Abendtemperaturen noch eingeschalteten Ventilators. Der kühle Luftzug bewirkte sofort Verspannungen in der Hals- und Nackenmuskulatur. Eine wärmende Jacke, sowie meditative Heilung, befreiten mich schnell von der Belästigung.

In verschiedenen Ländern, wie in den USA, geht man oft sehr unvernünftig mit Klimaanlagen und Zugluft um. In mitteleuropäischen Ländern beschränkt sich das vor allem auf die Klimaanlagen in Autos, die meist zu niedrig eingestellt werden; speziell nach sportlichen Betätigungen.

Auch die Zugluft im Haus, durch großzügiges Öffnen von Fenstern und Türen verursacht, führt schnell zu negativen Auswirkungen auf unsere Gesundheit. Selbstverständlich soll man sein Haus lüften, doch muss man sich dabei nicht selbst in der ungesunden Zugluft aufhalten.

Zugluft blockiert die Arbeit der Temperaturfühler in unserer Haut. Dadurch bleibt eine erforderliche Erhöhung der Durchblutung aus und eine Auskühlung der Muskulatur ist die Folge. Das kann zu Verspannungen führen. Selbstverständlich gibt es auch Menschen, die davon überhaupt nicht betroffen sind. Doch die bilden eher eine Ausnahme.

Ich jedenfalls vermeide, außer bei sehr hohen Temperaturen, Ventilatoren und direkt auf mich einwirkende Klimaanlagen, sowie Zugluft. Zu schnell verspüre ich deren negative Auswirkungen im Nacken- und Rückenbereich.

Nicht nur Verspannungen werden durch Zugluft bewirkt, auch Erkältungen können sich in der Zugluft schneller bilden.

Ein weiterer wichtiger Bereich für eine hohe Lebensqualität ist somit zweifelsohne die Vermeidung von Gesundheitsrisiken. Sie lässt sich einfach verwirklichen, indem wir ehrlich zu uns selbst sind und unsere Gewohnheiten realistisch betrachten.

Unaufhaltsam enteilet die Zeit! - Sie sucht das Beständige. Sei getreu, und du legst ewige Fesseln ihr an.

Friedrich Schiller (1759 – 1805), dt. Arzt, Dichter und Philosoph

Ganzheitliche Gesundheit

7. Beständigkeit

Viele gute Vorsätze scheitern über kurz oder lang am Fehlen der Beständigkeit. Begeistert beginnen wir eine neue Arbeit, ein neues Hobby, eine neue Beziehung, oder ein neues Übungs-programm. Wir sehen die ersten guten Fortschritte und ernten voller Freude die Früchte unserer neuen Aktivitäten.

Die neue Freundin/der neue Freund wird über alles gelobt und in den Himmel gehoben. Überpünktlich und aufgeregt begeben wir uns zu den ersten Verabredungen.

Ebenso ergeht es uns mit dem neuen Arbeitsplatz. Alles ist aufregend und spannend. Selbst der neue Chef verdient Lob und Anerkennung.

Begeistert holen wir unsere Matte für das neue kleine Übungsprogramm aus dem Schrank und beginnen mit der kurzen Aufwärmphase. Motiviert absolvieren wir die Übungen zur Stärkung der Bauch- und Rückenmuskeln. Bereits nach wenigen Wochen stellen wir fest, dass unser Rücken beim Aufstehen nicht mehr schmerzt. Die Wirbelsäule hat die not-wendige Entlastung durch die aufgebaute Muskulatur erhalten. Herrlich – es geht voran!

Dann kommt endlich der lang geplante und ersehnte Urlaub. Eifrig werden schon Tage vor der Abreise die ersten Sachen eingepackt. Endlich raus aus der Routine!

Der mittlerweile stressige Arbeitsalltag wird nun, Gott sei Dank, unterbrochen. Auch die inzwischen normalisierte, eher farblos dahin schleichende Beziehung, braucht eine dringend not-wendige Urlaubsauffrischung. Mit sehr hohen Erwartungen steigt man dann schließlich ins Flugzeug, in den ultraschnellen Intercity-Zug, in das vollgepackte Auto, oder man begibt sich gar auf ein luxuriöses Kreuzfahrtschiff. Unsere Erwartungen sind so hoch, dass sie kaum zu erfüllen sind, und deshalb auch selten erfüllt werden. So hilft oftmals der gute Spruch: Erwarte nichts und gebe alles! Wie auch immer, die Reise hat begonnen und alles muss in vollen Zügen genossen werden – koste es, was es wolle!

Das erinnert mich an den Schiurlaub in meiner Jugendzeit. Die teure Liftkarte musste so gut wie möglich ausgenutzt werden. So standen wir frierend bereits spätestens um 8 Uhr morgens an der Talstation bei den ersten leidenschaftlichen Schifahrern, um so früh wie möglich zum noch kälteren Gipfel zu kommen. Und am späten Nachmittag kämpften wir uns mit den letzten Kräften durch den von der Sonne inzwischen aufgeweichten und schwer zu meisternden Schnee, um noch die letzte Fahrt zum Gipfel zu erreichen. Das verwandelte meist den als erholsam geplanten Kurzurlaub in ein stressiges Abenteuer. Unter solchen Umständen gab es natürlich keinen Raum für ein kleines, jedoch sehr wichtiges Übungsprogramm.

Einige werden jetzt argumentieren, dass ja das Schi fahren bereits für ausreichend Bewegung sorgt. Das ist richtig! Doch unser Ziel ist es, eine dauerhafte, stabile Gesundheit zu erreichen, vor allem im Rücken mit einer Beschwerde freien Wirbelsäule. Handelt es sich um einen Kurzurlaub von zwei bis vier Tagen, so hat man noch Tage übrig, um das Trainingsprogramm außerhalb des Urlaubs durchzuführen. Doch handelt es sich um eine ganze Woche, oder um eine längere Zeit, ist es ratsam, das Übungsprogramm zweimal pro Woche auch auf der Reise zu praktizieren.

Mit 30 bis 40 Minuten Trainingszeit ist das ein überschaubarer Zeitaufwand, der sich wirklich lohnt! Außerdem sorgen die Übungen gerade beim Schi fahren für einen sportlichen Ausgleich mit einer Reduzierung der Verspannungen, die durch die meist selten praktizierte Sportart hervorgerufen werden. Doch das Allerwichtigste liegt darin, die Beständigkeit nicht zu zerstören!

Ist ein solches Trainingsprogramm erst einmal unterbrochen, kostet es sehr viel Mühe, es wieder aufzunehmen. Ja, die Trägheitskraft beginnt zu wirken und schnell sind alle guten Vorsätze dahin. Die bereits erzielten Erfolge in der Bauch- und Rückenmuskulatur schmelzen dahin, wie der Schnee in der Frühlingssonne. Das gilt es unbedingt zu vermeiden!

So war ich dazu ebenfalls herausgefordert, als ich mit sehr begrenzten finanziellen Mitteln von Eldorado, die beendete Lehrtätigkeit zurücklassend, nach Puerto Iguazú reiste.

Die starke Mittagssonne begrüßte mich, als ich am Busbahnhof der argentinischen Seite des von vielen Touristen besuchten Dreiländerecks Argentinien-Brasilien-Paraguay ankam.

Oft zuvor hatte ich die schwierige Grenzregion besucht, um dort durch Meditation und Gebete das Licht Gottes für diese Region und Länder zu aktivieren. Ich hatte keine Ahnung, was ich jetzt in dieser Gegend tun sollte, in der sich eines der sieben Naturweltwunder befindet, "Las Cataratas", die Wasserfälle (siehe Foto auf dem Bucheinband). Sie ziehen jedes Jahr Millionen von Touristen aus sämtlichen Ländern der Welt an. Und sie sind wirklich sehr beeindruckend, wenn nicht gerade eine lange Trockenheit für Wassermangel sorgt. Doch das kommt selten vor.

Die Stadt selbst hat wenig zu bieten. Die meisten Hotels auf der argentinischen Seite liegen, als kleine Oasen der Erholung, an der Straße, die durch den Nationalpark zu den Wasserfällen führt. In der Innenstadt dagegen gibt es nur wenige gute Hotels, die vom Busterminal aus, schnell zu Fuß erreichbar sind. So machte ich mich auf den Weg zum Hotel "Libertador", bei dem ich in ungefähr fünf Minuten mit meinem großen, rollbaren Koffer ankam. Der freundliche, mir bekannte Rezeptionist, war bereit, mein sperriges Gepäckstück in den dafür vorgesehenen Raum des Hotels einzuschließen. Meine Jacke und die sonst noch erforderlichen Dinge packte ich in meinen kleinen handlichen Rucksack.

Danach spazierte ich, befreit vom lästigen Gepäck, freudig zum Dreiländer-Aussichtsplatz. Dieser war mit langen und umfangreichen Bauarbeiten neu gestaltet worden. Wasserfontänen und Sitzgelegenheiten bereicherten den Platz, von den man auf die beiden ineinander mündenden Flüsse Iguazú und Paraná blicken kann. Direkt gegenüber, auf brasilianischer Seite, lag ein dichter Wald, während auf der Seite Paraguays der Blick bis zur weiter entfernten Stadt Ciudad de L'Este (Stadt des Ostens) reicht. Ich verbrachte den Nachmittag dort; wobei auch die zahlreichen Stände der Künstler und Händler für Abwechslung sorgten.

Nun ging es an die Umsetzung des Übungsprogramms. In der Stadt war es sehr schwierig, einen geeigneten Trainingsplatz zu finden, wenn man nicht gerade ein Hotelzimmer zur Verfügung hatte. Ich machte mich auf den Weg, um einen geeigneten Ort zu finden. Da ich die Stadt sehr gut kannte, wusste ich, dass das keine leichte Aufgabe sein würde. Die wenigen öffentlichen Plätze waren von zahlreichen Touristen bevölkert und die schönen Grünflächen gehörten den Hotels. Doch wie immer half mein göttlicher Berater.

Als ich an einer Kasernenanlage nahe des Zentrums vorbeikam, sah ich dort eine wunderbare Grünfläche, die vom vorbeiführenden Gehweg durch eine dichte Hecke abgegrenzt war. Ohne große Überlegungen näherte ich mich dem Wachposten. Ich fragte ihn, ob ich die Rasenfläche nahe der Hecke nutzen dürfte, um ein paar körperliche Übungen zu machen. Besorgt betrachtete er mich, einen Ausländer mit Rucksack, der ein äußerst merkwürdiges Anliegen hatte.

Er lehnte aus Sicherheitsgründen ab. Ich hatte vergessen, dass wir im Zeitalter des Terrorismus und der Angst leben. Doch ich gab nicht auf! Ich erklärte mein Anliegen etwas genauer und wies auf die fehlenden Rasenflächen in der Stadt hin. Da willigte er ein und fügte noch hinzu, dass ich bloß keinen Anschlag verüben sollte.

Ich beruhigte ihn und ging zu der ungefähr 30 Meter entfernten Hecke zurück. Dort breitete ich meine Jacke als Unterlage für meine Bauch- und Rückenübungen auf dem schön gepflegten Rasen aus. Unweit von mir wärmten sich gerade Soldaten mit Dehn- und Laufübungen für ein Fußballspiel auf. Ich war also unter Gleichgesinnten. Der Wachsoldat blickte hin und wieder zu mir, während er hauptsächlich die inzwischen begonnene Fußballpartie beobachtete. Begeistert absolvierte ich die Übungen!

Mit erneuerten Kräften setzte ich meine Reise ins Ungewisse fort. Mein göttlicher Berater avisierte mir eine Fahrt ins benachbarte Brasilien. Jede Stunde fuhr ein Bus in die Grenzstadt Foz do Iguaçu. Nach zweimaligen Umsteigen und der Abwicklung der Aus- und Einreiseformalitäten erreichte ich nach drei Stunden den Busbahnhof. Von dort aus ging es überraschend schnell weiter.

Nach der Stärkung mit einem Kaffee und einem Gebäckstück trat ich die Weiterreise nach Dionísio Cerqueira an. Die brasilianische Kleinstadt kannte ich bereits von zahlreichen Aufenthalten im benachbarten argentinischen Bernardo de Irigoyen. Eine angenehme, ruhige Fahrt brachte mich nach sechs Stunden zum Zielort.

Doch was sollte ich hier tun? Die wenigen Geldmittel waren inzwischen fast vollständig aufgebraucht. Ein Hotelzimmer kam damit nicht in Frage. So bereitete ich mich auf eine erneute Nacht im Busbahnhof vor. Der Terminal war, der Stadt entsprechend, klein und sauber. Zudem war er durch Glasscheiben vollständig abgeschlossen.

Inzwischen war auch die einzigste, nur nachts anwesende Sicherheitskraft eingetroffen. Ich döste im Sitzen ein wenig, bis ein mitternächtliches Gespräch mit der Wachperson mir eine weitere portugiesisch Praxisstunde einbrachte. Wieder einmal war Geduld angesagt. Das Morgengebet sollte Erkenntnisse über mein weiteres Vorgehen enthüllen. Und selbstverständlich galt es, auch hier das Übungsprogramm nicht auszulassen.

Ein kleiner Park mit einem Kinderspielplatz bot dafür am nächsten Tag eine gute Gelegenheit. Bereits kurz nach 18 Uhr sorgte die anbrechende Dunkelheit für Ruhe und Sichtschutz auf der hervorragenden Rasenfläche des direkt neben dem Busbahnhof gelegenen Parks. Ich holte meine zusammengefaltete Übungsmatte aus dem Koffer und führte die Bauch- und Rückenübungen durch. Das gab mir Freude und neue Zuversicht, speziell nach den krumm gesessenen Nächten im Terminal! Ja, es ist wirklich immer eine Erleichterung und Entspannung, wenn man sich trotz schwieriger Umstände aufrafft, seinen Körper Gutes zu tun. Das zeigte mir, dass die Beständigkeit ihre Früchte trägt. Denn ich konnte trotz des Schlafdefizits meine gewohnte Anzahl an Wiederholungen durchführen. **Beständigkeit über alles!**

Gerade weil das Programm mit 30 bis 40 Minuten nur wenig Zeit in Anspruch nimmt und es nur zweimal wöchentlich durchgeführt wird, ist man versucht, es nicht wichtig zu nehmen. Man vergisst es, verschiebt es und schließlich gibt man es auf. Genau das muss man vermeiden! Als ein Basisprogramm ist es äußerst bedeutungsvoll für einen schmerzfreien Rücken und aufrechten Körper.

Ich bin sehr dankbar, dass mich mein göttlicher Trainer immer daran erinnert. Damit habe ich einen schmerzfreien Körper und fühle mich besser als vor 25 Jahren. Selbstverständlich kann das Programm mit allen möglichen anderen sportlichen Aktivitäten ergänzt werden. Gerade Ausdauersportarten, wie das Laufen, Wandern, Schwimmen und Rad fahren sind dafür sehr gut geeignet!

Ganzheitliche Gesundheit

Mancher ertrinkt lieber, als dass er um Hilfe ruft.

Wilhelm Busch (1832 – 1908),
dt. Schriftsteller, Maler und Zeichner

Ganzheitliche Gesundheit

8. Ja, wir brauchen Hilfe!

Wie sagt man so schön: „Selbsterkenntnis ist der erste Weg zur Besserung!" Während ich diese Zeilen schrieb, saß ich auf einer Bank an der Meerespromenade von Santos. Mein Blick schweifte über den kurz vor mir beginnenden, ungefähr 150 Meter breiten Sandstrand, sowie zu den sanft herangleitenden Wellen des atlantischen Ozeans. Ein echtes Bilderbuchpanorama mit einer kleinen Palmengruppe entfaltete sich vor mir - nur wenige Menschen weilten in der ruhigen Wochenidylle. Am Horizont sah ich die gigantischen Frachtschiffe, die auf die Einfahrt in den größten Hafen Brasiliens warteten.

Dennoch brauchte ich Hilfe. Eigentlich war das noch zu milde ausgedrückt. Ich brauchte ein Wunder! Zwei schwierige Nächte in einer kirchlichen Hilfsorganisation zur Wiedereingliederung von Obdachlosen in ein normales Arbeitsleben lagen hinter mir. Davor gab es fünf Nächte sitzend im Busbahnhof und eine Nacht schlafend im Sand, des jetzt herrlich erscheinenden Strandes. Dabei musste ich unter den zusammengestellten Tischen und Stühlen, die mit einer großen Plastikplane abgedeckt waren, Schutz vor Dieben und Gewalttätigen suchen.

In der letzten Nacht im Busbahnhof war ich kurz eingeschlafen. Als ich gegen zwei Uhr morgens plötzlich aufwachte, war ich von fünf oder sechs männlichen Personen, im Halbkreis stehend, umlagert - Diebe und Wegelagerer, die einem bis auf die Unterwäsche alles rauben. Niemand sonst war zu sehen, obwohl die ganze Nacht zwei kleine Restaurants geöffnet hatten und auch Sicherheitskräfte ihre Rundgänge absolvierten. Ich war sprachlos. Man hatte mich davor gewarnt!

Doch der Busterminal war außerhalb von Hotels und Wohngebäuden noch der sicherste Platz der Stadt. Wobei es wirkliche Sicherheit in Süd- und Zentralamerika praktisch nirgends gibt. Jetzt war ich also mit diesen Mächten der Finsternis konfrontiert, die nur kommen, um zu rauben. Ich hatte keine Idee, wie ich reagieren sollte. Doch auf einmal hob einer in der Gruppe den Daumen seiner Hand und grüßte in meine Richtung. Da setzten sich die in unmittelbarer Nähe stehenden Männer in Bewegung und verließen die Szene. Das war das erste Mal, dass ich hier diese finsternen Gestalten in einer unüberwindbaren Gruppe sah. Ständig war man von einzelnen Dieben, Verrückten (durch Drogen) und Bettlern umlagert. Doch diese versuchten nur gewaltfrei irgendetwas zu stehlen. Ja, die Situation war nicht einfach gewesen!

Seit genau drei Wochen war ich nun in der Hafenstadt, die selbstverständlich auch ihre positiven Seiten hat. Diese nutzen unzählige Wochendbesucher aus São Paulo, eine der größten Menschenansammlungen der Welt, das nur ungefähr 50 Kilometer entfernt liegt. Am weitläufigen Sandstrand toben sich die Bewegungshungrigen in zahlreichen Sportarten, wie das äußerst interessante Beach-Tennis, Beach-Volleyball und natürlich dem Fußball, aus. Viele Joggen in der sanften Meeresbrise am Strand entlang und einige waten einfach nur im seichten Wasser der auslaufenden Wellen.

Es gibt auch wirklich Höchstleistungen von weltbesten Sportlern hier zu bewundern. Die Fußball-Legende Pelé spielte in Santos Fußball und ging noch ab und zu an der Uferpromenade spazieren. Auch der in Europa spielende Jungstar Neymar glänzte im Sand von Santos. Doch das alles half mir nichts! Ich brauchte dringendst finanzielle Mittel, um den Gefahren des nächtlichen Straßenkampfes zu entgehen.

Nur der einzig wahrhafte und lebende Gott konnte mir einen neuen Weg öffnen. Doch wie sollte dieser Weg aussehen? Ich wusste es nicht!

Zumindest konnte ich das Übungsprogramm im feinen Sand des Strandes erfolgreich fortsetzen. Auch gab es zahlreiche sehr gut installierte Fitnessgeräte, zu denen Klimmzugstangen und der doppelte Barren gehörten. Ausgedehnte Spaziergänge am Strand und bei der täglichen Arbeitssuche in der Innenstadt ergänzten mein Programm im Ausdauerbereich.

Es folgten weitere nahezu völlig schlaflose Nächte im Busbahnhof. Meine Gebete wurden intensiver, die Hilfeschreie zu Gott lauter. Und er hörte sie nicht nur, sondern er antwortete. Der Leiter eines Ministeriums sicherte mir eine Rückreise an die argentinische Grenze zu, falls ich keine andere Lösung finden sollte. Das war schon einmal ein erster Lichtblick!

Als ich die Untersuchungshaft in Wien über mich ergehen lassen musste, öffneten sich die eisernen, fest verschlossenen Türen erst, als ich erkannte und zugab, dass ich Hilfe brauchte. Solange ich auf meine eigenen wenigen Kräfte und auf meine mentalen Fähigkeiten vertraut hatte, gab es keine Lösung. Ich konnte keinen brauchbaren Ausweg aus der schwierigsten Situation meines festgefahrenen Lebens finden. Zudem hatte ich, Gott sei Dank, keine Gefängniserfahrung. Als Elitekämpfer war ich nie ausgebildet worden und über entsprechende Kontakte in die Unterwelt verfügte ich nicht.

Die geplante Flucht durch eine Klettertour über die Fassade des Gerichtsgebäudes schien sehr risikoträchtig zu sein. Schließlich habe ich sie durch das Gespräch mit einem Mithäftling endgültig verworfen. Dieser hatte vor Jahren solch eine Aktion und deren Scheitern miterlebt. Sonst hatte ich keine Lösung.

Das Sicherheitssystem war sehr ausgeklügelt und über die Jahre hinweg ständig verbessert worden. Dennoch gab ich nicht auf! Und es kam der Tag der Erleuchtung.

Als ich mich vor dem ewigen Schöpfer erniedrigte und zugab, dass ich weder ein Gott bin, noch eine Lösung habe, gab er mir die Strategie, die Gefangenenhölle zu verlassen. Fünf Tage danach erlangte ich meine Freiheit wieder. So folgte auf die traurigste Zeit meines Lebens die größte Freude - Freiheit!

Viele Dinge weiß man erst zu schätzen, wenn man sie nicht mehr hat. Auch mit der Gesundheit ist das oft so. Wie viele Menschen gibt es, die im Gefängnis ihrer Krankheit sitzen? Sie können ohne fremde Hilfe weder aufstehen noch sich fortbewegen. Und einige können es nur mit großen Schmerzen. So ist es wichtig, dankbar für unsere Gesundheit zu sein und sie zu würdigen.

Als der Stolz von mir gewichen war und ich meine Begrenztheit, sowie Hilfebedürftigkeit zugeben konnte, erhielt ich die göttliche Lösung für den Weg in die Freiheit: Die Lösung lag außerhalb der dicken Gefängnismauern. Ich musste einen Weg finden, um die Haftanstalt verlassen zu können. Von dort aus würde eine Flucht möglich sein. Die Strategie lag in einem Krankenhausbesuch. Ich spürte eine unbeschreibbare, felsenfeste Sicherheit, dass das gelingen würde. Und so war es auch!

Mit einer Kette von Wundern befreite mich Adonai, Gott, unser Schöpfer, oder wie auch immer Du "den Ewigen" nennen willst. **Ja, hin und wieder brauchen wir Hilfe** und sogar Wunder, auch wenn das unser menschlicher Stolz nicht gerne zugibt.

Doch selbst der weiseste Mensch aller Zeiten, der König Salomo, erhielt seine Weisheit und Klugheit erst, als er zugab, dass er Hilfe braucht, das erste Buch der Könige (AT) 3:9-10: *Verleih daher deinem Knecht ein hörendes Herz, damit er dein Volk zu regieren und das Gute vom Bösen zu unterscheiden versteht. Wer könnte sonst dieses mächtige Volk regieren? Es gefiel dem Herrn, dass Salomo diese Bitte aussprach.*

Nach dem fruchtbaren Gespräch mit dem hilfsbereiten Leiter des kirchlichen Ministeriums ging ich zur Stadtverwaltung. Durch zahlreiche Fragen versuchte man meine Situation zu verstehen. Nach langen Nachforschungen sicherte man mir eine Antwort für den nächsten Tag bezüglich einer Rückreise nach Dionísio Cerqueira zu. Es sollte also wieder zurück an die argentinische Grenze gehen. Ich erhielt im benachbarten Gebäude einen Schlafplatz, sowie Essen und Getränke. Ja, man sorgte sich um mich! Das konnte man von den deutschen Konsulaten nicht behaupten.

Diese beschränken sich auf rein formelle Abwicklungen. Warum helfen die deutschen Auslandsvertretungen ihren eigenen Landsleuten nicht? Weil das die deutsche Regierung so beschlossen hat! Die Angestellten der Botschaften und Konsulate verweisen auf die entsprechende Internetseite, die erklärt, wann man mit Hilfe rechnen kann. Nur bei einem sehr ernsthaften medizinischen Notfall, der nicht im Ausland behandelt werden kann, ermöglichen sie einen Rücktransport nach Deutschland. Das ist das gesamte Hilfsprogramm, das eines der wohlhabendsten Länder der Erde seinen Bürgern anbietet.

Der Grund für die praktisch nicht vorhandene Unterstützung liegt angeblich im Missbrauch, der vor einigen Jahren noch vorhandenen Hilfsmaßnahmen. Touristen, die alles Geld verbraucht hatten, nutzten die Botschaften und Konsulate, um kostenlos nach Hause zu reisen. Das war selbstverständlich nicht korrekt. Doch muss man deshalb von einem Extrem ins andere fallen?

Den Missbrauch und das Ausnutzen von Hilfeleistungen kann man nie vollständig vermeiden. Allerdings kann man durch eine genaue Analyse der einzelnen Fälle das Risiko dafür erheblich einschränken. So praktizierte das jetzt die Stadtverwaltung von Santos. Nach der Überprüfung aller meiner Daten und Angaben, sowie der Rückverfolgung meiner bisherigen Reisewege, beschlossen sie, mir die Rückfahrt an die argentinische Grenze zu bezahlen. Die Reise sollte am nächsten Tag beginnen. Ich verweilte somit eine weitere Nacht in der Unterkunft für Obdachlose.

Ja, auch diese Leute brauchen Hilfe. Und sie erhielten Hilfe: Durch die gut organisierte und saubere Schlafstätte, durch Dusch- und Waschmöglichkeiten und nicht zuletzt durch Essen und Getränke.

Nun standen wir im Vorhof der sozialen Unterkunft und warteten auf den Einlass in den kleinen Frühstücksraum. Von den ungefähr 30 bis 40 Leuten rauchten fast alle. Sie husteten und spuckten überall auf den Boden. Die schlechten Angewohnheiten des Straßenlebens und, bei den meisten, von einigen Jahren im Gefängnis, waren unübersehbar. Zusätzlich sorgten Alkohol und sonstige Drogen für eine permanente Hilfsbedürftigkeit. Das alles erinnerte mich sehr an die, Gott sei Dank, mit vier Monaten relativ kurze Gefängniszeit von Wien, die mir allerdings wie eine Ewigkeit vorkam. Auch hier können nur sehr wenige, vielleicht einer von hundert, ihr Leben wirklich ändern.

Dazu braucht es eine feste Entscheidung, Entschlossenheit und Disziplin. Nur damit kann eine neue Lebensführung erreicht werden. Daran scheitert es bei fast allen. Zu sehr haben sie sich an die disziplinlose Freiheit des Straßenlebens gewöhnt.

Dabei brauchen sie keine Arbeitszeiten einzuhalten, keine Rechnungen müssen bezahlt werden und sie haben praktisch für nichts Verantwortung zu tragen. Dafür zahlen sie den Preis des Bettelns und der Essenssuche im Müll. Selbstverständlich gibt es auch ein paar Ausnahmen, die durch wirklich harte Schicksalsschläge und widrige Umstände in der schwierigen Lage sind.

Es bildete sich eine Warteschlange vor dem Frühstücksraum. Das sichere Zeichen, dass in Kürze der Ansturm auf die mit Kaffee gefüllten Plastikbecher beginnen würde. Jeder bekam dazu ein mit Margarine bestrichenes Brötchen. Schnell wurde das Frühstück hineingeschlungen, als gäbe es sofort Wichtiges zu tun. Ruhe und Lebensqualität waren hier nicht zu finden. In fünf Minuten war der Raum wieder leer.

Jetzt warteten fast alle rauchend auf das Warten und darauf, dass sich alles wiederholen würde. Einen Lebenssinn konnte man nicht erkennen. Ich holte meinen Koffer. Als ich zur Unterkunft zurückkam, erwartete man mich bereits. Der Abfahrtszeitpunkt war durch eine bis São Paulo mitreisende junge Frau vorverlegt worden. Die Mitreisende saß bereits im Auto der Stadtverwaltung. Man reichte mir im Gebäude noch schnell ein Getränk im Becher und ein Sandwich, das noch in der Mikrowelle erhitzt wurde. Zudem drückte man mir einen Plastikbeutel mit zwei Brötchen und Keksen in die Hand. Mit Mühe brachten wir meinen Koffer noch im Fahrzeug unter. Drei Personen von der Stadtverwaltung, die junge Frau, die ebenfalls eine Fahrkarte von der Sozialhilfe erhalten hatte und ich, nahmen die Fahrt zum Busbahnhof nach São Paulo auf. Denn nur von dort aus war eine direkte Reise zu unseren Zielorten möglich.

Schnell erreichten wir die Autobahn, die durch zahlreiche Tunnel und über einige Brücken zu der Megametropole führte. Mein Blick zurück über die bewaldeten Berge erfasste die weiten Strände und endete am Horizont des endlos erscheinenden Ozeans.

Bald zeigten sich die ersten armen, wirr durcheinender gebauten Vorstadtsiedlungen, die praktisch alle großen Städte von Süd- und Zentralamerika kennzeichnen. Schnell dehnen sie sich aus. Meist sind sie ohne Genehmigung auf fremden oder staats- eigenen Grundstücken errichtet. Sie zu räumen ist fast un- möglich und geschieht auch höchst selten. Nur wenn man alternative Sozialwohnungen bereit stellt, findet ein langsamer Umsiedelungsprozess statt. Ansonsten bleiben die gefährlichen Siedlungen bestehen, in denen Drogenbanden und andere kriminelle Gruppen die Macht und Kontrolle ausüben.

Als wir die Vorstadt passiert hatten, erreichten wir, auf der inzwischen sechsspurigen Autobahn, die anscheinend endlos aneinandergereihten Wohnblöcke, der mit über zehn Millionen Einwohnern besiedelten Stadt und einer Metropolregion von mehr als 20 Millionen Menschen. Die genaue Zahl kann niemand angeben. Viele Personen, die in den Straßenschluchten, unter Brücken, oder sonstwo leben, sind statistisch gar nicht erfasst.

Eine Stunde lang drangen wir im dichten Verkehr, ohne abzubiegen, in Richtung des zentralen Busterminals vor. Nach insgesamt zwei Stunden hatten wir die ungefähr 60 Kilometer bewältigt. Wir begaben uns alle in das große Gebäude. Dort drückte mir einer der freundlichen Begleiter, das unter der Vorlage meines Reisepasses ausgestellte Ticket in die Hand - ein wahres Wunder!

Tatsächlich erhielt ich die Rückfahrt zu dem Ort, den ich vor einem Monat durch eine Reise der Sozialunterstützung verlassen hatte. Man machte mich darauf aufmerksam, dass das die letzte Reise auf Kosten des brasilianischen Staates sein sollte. Das war mehr als verständlich. Jedoch war die Reise, durch mein bald ablaufendes Touristenvisum, sowie durch die fehlende Hilfeleistung deutscher Behörden, unvermeidbar gewesen.

Durch Spaziergänge im weitläufigen Busbahnhof, vermutlich der größte Brasiliens, überbrückte ich die siebenstündige Wartezeit bis zur Abreise um 20 Uhr. Und nach fast 20 Stunden Fahrzeit erreichte ich am Nachmittag den Grenzort Dionísio Cerqueira. Seit einiger Zeit war ich der letzte Fahrgast, der die weite Reise bis zum Ende durchführte. Erstaunt nahm man dort meine Rückankunft zur Kenntnis.

Nebel, Regen und kühle Temperaturen empfingen mich auf ungefähr 800 Meter Höhe über dem Meeresspiegel. Wie sollte es jetzt hier weitergehen, nachdem ich ja den Ort aufgrund zunehmend schwieriger Umstände verlassen hatte? Nur Gott wusste das! Er hat einen Plan für unser Leben, der für einen begrenzten menschlichen Verstand nicht immer leicht zu verstehen ist, das Buch des Propheten Jesaja (AT) 55:9: *So hoch der Himmel über der Erde ist, so hoch erhaben sind meine Wege über eure Wege und meine Gedanken über eure Gedanken.*

Der Regen hörte auf. Ich konnte meinen Koffer wieder im Terminal sicher unterbringen. Befreit vom Gepäck, jedoch mit der langen Reise in den Knochen, tat mir ein Spaziergang gut. Ich ging zum Grenzpark und drehte dort ein paar Runden um den künstlichen See. Es war schon dunkel geworden, als ich in der Nähe der Landesgrenze zu Argentinien abschließende Dehnübungen durchführte.

Da tauchte, wie aus dem nichts heraus, ein Mann auf und gab mir einen 50 Real-Schein, die brasilianische Währung, mit den Worten: „Ich hatte schon länger das Gefühl, ihnen etwas geben zu wollen." Später fiel mir ein, dass er zu meiner früheren Kirchengemeinde gehörte. Damals hatte ich noch nicht verstanden, dass es nur einen Gott gibt, und dass Gott niemals Mensch geworden war. Wie auch immer - das war wirklich ein gutes Zeichen für einen gesegneten Neuanfang in dieser Grenzregion.

Das Geld reichte auf jeden Fall für mindestens eine Hotelübernachtung aus. Voller Freude ging ich zum Busbahnhof zurück. Dort spendierte man mir im kleinen Restaurant ein Abendessen. Der Inhaber gab einen Kaffee dazu aus. Die Nacht im Terminal verging durch eine Unterhaltung mit der Wachperson schnell. Und bereits am nächsten Morgen suchte ich das Hotel vom letzten Aufenthalt auf.

Der Eigentümer war anwesend und ebenfalls erstaunt über meine Rückkehr. Sofort bot er mir Brot, Salami und einen großen Kaffee in der Hotelküche an - ein wahrlich herzlicher Empfang. Ich bezog das bereits gewohnte Zimmer. Als ich nach dem Preis für die Unterkunft fragte, meinte der Inhaber des Hotels, dass ich mit den Unternehmern sprechen sollte, die mir auch zuvor das Hotel und meine Verpflegung bezahlt hatten. Sicherlich würden sie, bei einer speziellen Preisvereinbarung mit ihm, die Kosten für zumindest einen Monat übernehmen.

Ich setzte den Vorschlag gleich in die Tat um. Die Gespräche waren fruchtbar. Ich erhielt sofort die Zusage der hilfsbereiten brasilianischen Unternehmer - Gott sei Dank!

Nach einer erholsamen Nacht entdeckte ich in meinen Unterlagen noch ein paar Informationsbroschüren, die die Existenz

Gottes erklärten. Ich verteilte sie. Zudem betete ich, dass Gott nach all meinen vergeblichen Versuchen Arbeit zu finden, mir jetzt eine Einnahmequelle geben sollte. Ich dagegen wollte mich auf das Schreiben konzentrieren.

Als ich dann am ersten Wochentag, nach meiner Schreib-tätigkeit, aus der öffentlichen Bücherei des Ortes in das Hotel zurückkehrte, saß dort eine relativ junge Dame im Rezeptions-bereich. Sie fragte mich, ob ich arbeiten wolle. Erstaunt bejahte ich sofort. Da erklärte sie mir die kleine Tätigkeit, die ich in meiner früheren Arroganz, bevor ich Gott erkannt hatte, nie angenommen hätte.

Ich sollte für einen Kurs in allen Geschäften und an Leute auf der Straße Prospekte verteilen. Sogleich nahm ich ein paar tausend Druckstücke in Empfang und machte mich auf den Weg. Freudig besuchte ich bei idealen Temperaturen alle Läden in der Innenstadt. Am nächsten Tag wurde die Aufgabe um das Anbringen von Plakaten erweitert. So arbeitete ich drei Tage, brach damit den Bann der Hilfsbedürftigkeit und konnte auch noch das Schreiben fortsetzen.

Ja, hin und wieder brauchen wir Hilfe! Doch dann müssen wir wieder auf eigenen Beinen stehen. So hoffe ich, dass das Buch für Dich eine wirkliche Hilfe ist, um Deine Gesundheit auf eigene Beine zu stellen, und dass Du sie mit der Kraft Gottes, der Ewige, dauerhaft erhalten kannst! Dabei spreche ich nicht von einer Religion, denn alle menschlichen Konstruktionen funktionieren auf Dauer nicht. Es geht um eine persönliche, fruchtbare Be-ziehung mit Gott und um eine ganzheitliche Gesundheit!

Ganzheitliche Gesundheit

Gesundheit ist nicht alles, doch ohne Gesundheit ist alles (fast) nichts!

...geistlich, mental und körperlich.

Ganzheitliche Gesundheit

Nachwort - Eigenverantwortung

Unser Gesundheitssystem ist heutzutage in erster Linie von wirtschaftlichen Faktoren und Interessen geprägt. Der Mensch wird in den Hintergrund gedrängt. Es zählen vor allem Verkaufszahlen, sprich Umsätze, denn wie sagen die Vertriebsleute so treffend: „Der schönste Satz ist der Umsatz!"

Ja, Umsatz muss gemacht werden. Das reicht von der allgemein medizinischen Arztpraxis, auch als Hausarzt bezeichnet, über die Pharmakonzerne, bis zu den kreativen Sportartikelherstellern.

Jahrelang konnte ich bei internationalen Finanzkonzernen, wie Banken, Finanz- und Fondsgesellschaften, beobachten, dass der Kunde oft nur Mittel zum Zweck ist. Der Umsatz und natürlich vor allem die Gewinne müssen stimmen. Das heiligt die Mittel und fast alles ist erlaubt. Das bestätigen uns zahlreiche Ereignisse, wie die Manipulation der Abgaswerte durch einen namhaften deutschen Autohersteller.

Sicherlich braucht ein Unternehmen Gewinn, um bestehen zu können. Die Gewinnerzielungsabsicht ist der Hauptgrund für eine Unternehmensgründung. Doch darf das sicher nicht zu Lasten unserer Gesundheit gehen!

Ein als unbedeutend eingeschätzter, harmloser Routinebesuch beim Hausarzt erzeugt oftmals eine Welle von Maßnahmen und Medikamenten, die uns über einen längeren Zeitraum beunruhigen und beschäftigen. So befinden wir uns inmitten von zwei starken Polen, die die größten Geldmengen bewegen; der eine, um die Menschen zu zerstören: Waffenindustrie und Drogengeschäfte, der andere, um sie angeblich wieder aufzurichten: Pharmaindustrie und Gesundheitswesen.

Der Grund für diesen Wahnsinn findet sich in wirtschaftlichen Faktoren: Umsatz, Gewinn, Wachstum um jeden Preis, usw. Selbstverständlich geht es auch um soziale Anliegen, wie das Schaffen von Arbeitsplätzen, medizinische Versorgung und Absicherung. Doch stehen die sicherlich nicht an erster Stelle.

Das Ziel des Buches ist es, dass wir lernen, uns dieser Maschinerie weitgehend zu entziehen. Wir nehmen unsere Gesundheit mit eigenen vorbeugenden Maßnahmen selbst in die Hand, wohl wissend, dass letztlich alles in den mächtigen Händen unseres Schöpfers liegt. Dabei spreche ich nicht von toten Götzen und Fantasiegöttern. Ich meine damit den einzig wahrhaften und lebenden Gott, der auch "der Ewige" und "Hashem" genannt wird. Dass es keinen Schöpfer gibt, ist am Unwahrscheinlichsten. Der sogenannte "Urknall" steht auf sehr wackeligen Beinen. Kennst Du eine Explosion, die irgendetwas Positives geschaffen hat? Eine Explosion zerstört, vernichtet und beseitigt Vorhandenes. Nie entstehen neue, positive Dinge. Da soll ausgerechnet eine Explosion das perfekte Universum und die Erde als Bestandteil davon geschaffen haben?! Allein die Geschwindigkeit der Schöpfung, Universum — ein Wort, Gott sprach und es war da, ist mit einer Explosion vergleichbar. Der Zyklus der Jahreszeiten, oder die komplexen Vorgänge des Wachstums bei Pflanzen, Mensch und Tier sind derart genial, dass dahinter sicherlich keine Explosion stehen kann. Nur eine dem Menschen unvorstellbar überlegene Persönlichkeit, als Gott zu bezeichnen, kann dafür der Ursprung sein.

Viele Lebensjahre, Zeit und Geld habe ich verschwendet, bis diese geistliche Wahrheit kristallklar für mich erkennbar wurde. Eine Wahrheit, die jeder für sich selbst suchen und finden muss. Ist Gott nur eine Energie, eine Lichtquelle, ein Mythos, oder ein politisches Manipulationsinstrument?

Du wirst es für Dich entdecken, wenn Du an der Wahrheit ein ehrliches Interesse hast. Die Wahrheit wird enthüllt! Das ist ein Versprechen Gottes durch den Propheten Jeremia (im AT, Jeremia 33:3): *Rufe zu mir, so will ich dir antworten und dir große, unfassbare Dinge mitteilen, die du nicht kennst.*

Und sowie ein Produkthersteller uns die besten Ratschläge für die optimale und lange Nutzung seines Produktes gibt, so gibt uns auch Gott die wichtige Gebrauchsanweisung für ein gesundes, erfolgreiches Leben, die nennt sich Torah (Lehre, Lebensbotschaft). Das ist die ursprüngliche Schrift von Gott, die von zahlreichen Religionen in veränderter Form übernommen und leider oft verfälscht wurde. Nichts ist besser als das Original – der altbewährte Weg!

Nur wenn die Schöpfung ein harmonisches Ganzes in unserem Herzen und Verstand wird, können wir sie als eine perfekte Symphonie wahrnehmen, bei der jeder Ton an der richtigen Stelle sitzt. Alle Widersprüche, Zweifel und Ängste lösen sich auf. Wir erreichen eine absolute Ausgeglichenheit – Equilibrium (auch Äquilibrium), Frieden - Shalom!

Ganzheitliche Gesundheit

Er (Gott) gibt dem Müden Kraft, dem Kraftlosen verleiht er große Stärke.

Die Jungen werden müde und matt, junge Männer stolpern und stürzen.

Die aber, die Gott vertrauen, schöpfen neue Kraft, sie bekommen Flügel wie Adler.

Sie laufen und werden nicht müde, sie gehen und werden nicht matt.

Jesaja (wirkte 740 – 701 v. Chr.), Prophet, (AT) 40:29-31

Anhang

Quellenhinweise:

- Einheitsübersetzung Altes und Neues Testament, Verlag Herder, Freiburg im Breisgau.

- Neue Evangelistische Bibel

- AT = Altes Testament

Wege der Freiheit

Reisen Sie mit Elias Goldstern in die physische, mentale und geistliche Freiheit.

Panamá-Papers - das mitreißende Abenteuer beginnt in Europa mit der Flucht aus einem Hochsicherheitsgefängnis - Freiheit. Schwächen der Justiz werden schonungslos aufgedeckt. Nichts ist unmöglich, mentale Vorbereitung für den Weg in die Freiheit durch Aristoteles und Attila. Das Christentum wird schwer erschüttert. Wo liegt die Wahrheit? Die Flucht endet in Argentinien, während ein offener Brief an die Kanzlerin - der Verrat Deutschlands - die Unfähigkeit deutscher Politiker und Behörden beleuchtet.

Die Reise öffnet Ihnen Türen in eine neue Dimension von Freiheit. Diese brauchen wir, denn unsere Gesellschaft steht vor einem völligen Umbruch.

13,- Euro für die gebundene Ausgabe
4,99 Euro für die elektronische Ausgabe, eBook

300 Seiten

Bei Amazon, Hugendubel, Thalia, BoD, usw., und in Ihrem Lieblingsbuchgeschäft meist ohne Versandkosten bestellbar!

Ganzheitliche Gesundheit